播音员主持人
职业教育心理学

安萧宇 ○ 著

U0754588

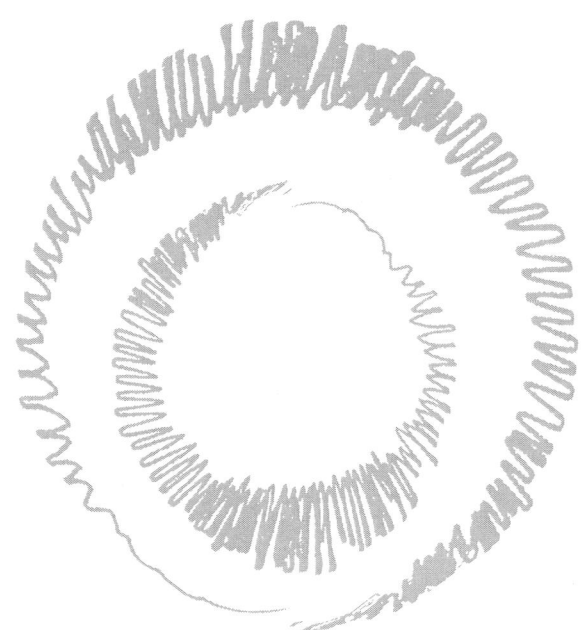

知识产权出版社
全国百佳图书出版单位
——北京——

图书在版编目（CIP）数据

播音员主持人职业教育心理学 / 安萧宇著 . —北京：知识产权出版社，2021.5

ISBN 978-7-5130-7511-4

Ⅰ.①播… Ⅱ.①安… Ⅲ.①播音员—职业教育—应用心理学 ②主持人—职业教育—应用心理学 Ⅳ.① G222

中国版本图书馆 CIP 数据核字（2021）第 075048 号

内容提要

本书从认知心理、人格心理、自我效能和集体效能等相关理论知识出发，探讨播音员主持人如何通过对认知心理和人格心理的完善，激发自身的性格优势；如何实现自我效能与集体效能的统一，加强团队精神的培养；如何积极面对职业压力，改善不良心理状态，从而提升自身的职业心理素质和职业竞争力。

责任编辑：李石华　　　　　　　　　　　责任印制：孙婷婷

播音员主持人职业教育心理学
BOYINYUAN ZHUCHIREN ZHIYE JIAOYU XINLIXUE

安萧宇　著

出版发行:	知识产权出版社 有限责任公司	网　址:	http://www.ipph.cn	
电　话:	010-82004826		http://www.laichushu.com	
社　址:	北京市海淀区气象路50号院	邮　编:	100081	
责编电话:	010-82000860转8072	责编邮箱:	lishihua@cnipr.com	
发行电话:	010-82000860转8101	发行传真:	010-82000893	
印　刷:	北京中献拓方科技发展有限公司	经　销:	各大网上书店、新华书店及相关书店	
开　本:	720mm×1000mm　1/16	印　张:	14	
版　次:	2021年5月第1版	印　次:	2021年5月第1次印刷	
字　数:	230千字	定　价:	65.00元	

ISBN 978-7-5130-7511-4

　　自从 2004 年进入广播电视艺术学领域学习以来，我经常收到一些存在职业困惑和发展问题学生的提问。这些问题所涉及的方面非常广泛，有学生在学习过程中发现心理活动是贯穿始终的，如何把握好心理活动的规律，对于播音创作过程是有积极作用的。也有学生提到对自己的专业选择、个人职业规划或职业发展瓶颈的问题。对于这些问题的思考和回应促使我对职业心理学研究的关注更加深入。确实，随着社会的进步和经济的发展，播音员主持人职业领域的竞争压力不断增长，他们越来越意识到进行职业规划、明确自己的职业定位和发展方向以及寻求职业咨询和指导的重要性。今天，社会、组织和个人对职业心理学的需求已经凸显出来，正是这种需求的凸显使我对撰写这本《播音员主持人职业教育心理学》产生了极其强烈的愿望和热情。

　　本书以通俗浅显的语言为读者介绍播音员主持人职业的特点、职业心理学的基本理论、方法及主要研究成果，并辅以各种研究和实践案例、阅读材料、生活观察、思考练习，以及课外的应用拓展等。力求使读者在轻松愉快的阅读中系统地了解和掌握播音员主持人职业教育心理学的核心内容，并有所领悟，从而达到促进个人学习成长和成熟的目标。

当然，本书并没有涵盖心理学领域的全部，还有许多问题是播音员主持人职业教育心理学中没有涉及的。此外，随着社会和组织的不断变迁，有关本领域的新问题也将不断涌现。我衷心希望，通过阅读本书，能够让更多读者对本领域产生兴趣、加深了解，从而与我们共同努力，将播音员主持人职业教育心理学的理论和方法有效地应用于个人学习和成长中，期待在实践运用中获得实质的帮助。我也衷心期待学界同仁和读者的批评指正，这将促进我对播音员主持人职业教育问题的探索和思考。

最后，要感谢在我多年求学路途中的良师益友，让我在应用心理学和广播电视语言艺术专业如沐春风，大胆尝试，用交叉学科的视角解决现实生活中发现的问题。感谢我的学生们对我所传授课程的喜爱和互动，感谢编辑对本书的出版和修改所付出的努力和智慧。

近年来，在社会转型和技术腾飞的大背景下，我国广播电视行业正面临着前所未有的机遇和挑战。播音员主持人作为广播电视行业的重要组成部分，已不再仅仅是广播电视简单的"传声筒""播音器"，相反地，当代播音员主持人的身份日益多元、职能日渐复杂，使得他们面临更加严峻的职业心理压力。此外，广播电视行业所面临的社会转型、新媒体竞争、传播观念变革、受众需求变化等挑战，导致播音员主持人的压力进一步升级，长此以往，将导致播音员主持人群体心理上的"不堪重负"。播音员主持人只有具备良好的职业心理素质，才能在节目和生活中临危不乱、游刃有余，因此，科学地对播音员主持人职业心理进行深入的研究具有十分显著的现实意义。

本书结合我国广播电视行业的现实情况，引用成熟的职业生涯管理理论和普通心理学相关知识，首先，从认知心理、人格心理等相关理论知识出发，探讨播音员主持人如何通过对认知心理和人格心理的完善，激发自身的性格优势，继而提升自身的职业心理素质和职业竞争力；其次，以自我效能和集体效能为理论基础，分析了播音员主持人团队精神培养的意义和方式；最后，笔者在问卷调查和个案访谈的基础上编制了职业压力量表，用以测试和分析目前播音员主持人在从业过程中的压力特征和具体的心理状态，以帮助了解和把握当前播音员主持人存在的职业心理问题，进而提出播音员主持人积极面对职业压力、改善不良心理状态的对策，以期帮助播音员主持人通过自我调节和外部协助等途径，保持良好的心理素质和精神面貌。

基于心理学基础上的播音员主持人职业心理研究，一方面，可以帮助播音员主持人更好地认识自身的心理状态，为播音员主持人职业心理所面临的危机提供现实的调整策略及具有可行性的操作方法；另一方面，通过对播音员主持人心理机制的调节以及自我效能的提高，带动媒介组织充分发挥集体效能，从个人和组织双重角度提升团队工作效率。

目录

第一章 | 绪 论

第二章 | 播音员主持人的认知心理研究

第一章

绪　论

第一节　研究背景

改革开放 40 多年，我国广播行业在政策、技术、经济三轮驱动下急速前进，呈现出日新月异的发展态势。但是，社会的转换、新媒体的激烈竞争、普及观念的变革、大众需求的变化等因素，使得广播电视行业正面临着前所未有的挑战。播音员主持人作为直接和观众交流的桥梁，代表着媒体和节目的形象。自然首当其冲地受到行业环境变化所带来的各种刺激和压力，导致其职业压力也逐步升级。具体来说，这种压力的升级主要表现在以下几个方面。

首先，随着媒介融合进程的加深和传媒行业分工的转型，播音员主持人的身份内涵和功能范围日趋多样化与复杂化。当代播音员主持人不仅仅是广播电视节目的简单的"播音器""传声筒"，更多的成为节目的企划者、指挥者和代言人，成为节目与观众之间实现信息和情感交流的桥梁纽带。如今的播音员主持人如果只是简单地在麦克风前对着话筒和原稿读，已经不能满足现实的需要，只有掌握"十项全能"的本领，身兼数职，才能保证在激烈的竞争中不被淘汰。

其次，当今的中国正处于社会转型期，改革开放过程中尚未解决的深层问题不断浮出水面，导致社会矛盾激化，群体性事件频发。加之，公共卫生事件、公共安全事件、自然灾害、外交事件等突发危机事件相继上演，对播音员主持人的突发事件报道能力和危机应对能力提出了更加严峻的考验。突发事件发生时，播音员主持人必须保持冷静的头脑，迅速调整到直播状态。临危不乱，将准确、客观的信息传达给广大的受众。

再次，视听新媒体的出现和兴起引发了整个广播电视行业的大地震。各种视听新媒体蓬勃发展，不仅重新划分了传统广播行业的接收者和广告业者，而且完全颠覆了用户的视听信息接收习惯和视听业务的生产和制作过程，大大消除了视听信息传播的时空限制。播音员主持人面对视听新媒体的"侵略性"竞争，必须顺应新时期观众的需求，在工作中时常注重与受众的互动与交流，注重利用社交软件等新媒体，以更人性化的语言形式进行播音主持。

最后，社会价值观的多元化也进一步加重了播音员主持人的压力。当代中国，社会的宽容度不断增加，只要不触及法律和道德底线，每个人都可以有自己的价值观。另外，各类媒体也为大众提供了一个展示自己观点、宣泄个人情绪的平台。这种舆论的分歧可以提高社会的思辨度，但也导致言论喧哗杂乱、莫衷一是，一件事在不同的观众看来可能有不同的理解和评价方法。对于经常暴露在观众面前的播音员主持人来说，来自正反两方面的意见评价容易降低他们的自我认识，从而使职业的困惑感与日俱增。

当今社会不再仅是传统媒体传播盛行时代，而是一个新兴的融媒体盛行时代。随着社会的不断发展、技术的不断突破，我们已经从传统媒体的离线传播时代来到了新媒体的在线传播时代。媒介的转型极大地刺激了信息的迅速传播和发展。在传统媒体时代，受众可以通过广播听取或屏幕播放的方式接收播音员主持人传递的信息。随着新媒体时代的到来，信息传播镜头逐渐缩小并不断更换，由摄像机变为相机再变为手机，媒介的不断变化，镜头的不断更迭对播音员主持人的播音主持带来了更大的挑战和压力。因此，我们不仅要分析和研究传统媒体和播音员主持人的心理，还要引入新的研究方向，分析秀场主播和电商主播的心理。

面对上述各种新兴的压力，开展与时代同步进行的播音员主持人职业心理素质的研究是极其重要的。播音员主持人的心理素质是指播音员主持人在自身成长和发展过程中形成的相对稳定的心理功能，是播音员主持人的心理品质和心理能力的统一体。良好的心理素质能够使他们调节各种心理压力，摆脱各种心理烦恼，适应社会发展的需要并及时调整心态迎接挑战。随着竞争的加剧，播音员主持人的心理素质逐渐成为其综合素质的核心要素。从某种程度上说，心理素质是职业精神、奉献精神、合作意识、节目控制能力、自我控制能力以及知识准备和工作经验等能力要素的基础和前提。也就是说，只有具备良好的心理素质，才能更好地发挥和展示播音员主持人的能力要素。

随着社会压力的剧增，心理问题已经从原来的社会边缘化问题发展成为全社会关注的重点问题。现在，海外的大型媒体公司不仅越来越关注媒体人的心理健康，而且已经通过包括职业心理评价在内的各种方式来帮助播音员主持人减轻压力和解决各种心理问题。近年来，国内的学者也将研究的目光集中到播音员主持人的职业心理这一领域，并取得了一定的研究成果。但总体来看，国内播音员主持人的职业心理研究目前处于分散状态，学术界的研究大多从业务角度和个人调适出发，缺乏理论的根基和研究的系统性。

本研究引用了西方成熟的职业生涯管理理论和心理学相关知识，从认知心理和人格心理理论出发，同时观察播音员主持人的自我效能和节目的集体效果，以问卷调查和重点采访工作人员为基础制作职业压力表，分析当前播音员主持人的就业压力。并在此基础之上，指导播音员主持人积极面对职业压力，提出改善不良心理状态的现实策略和方法，从而提高播音员主持人的自我效能和广播电视节目的核心竞争力。

第二节　研究意义

对播音员主持人的职业心理进行系统性的研究，其意义主要表现在两个方面。

第一，作为在广播电视团队中直接与接收者交流的桥梁，播音员主持人不仅要承受与广播电视行业其他职业相同的工作负担、职业声望的压力等，还要承担因职业特殊性而产生的重大职业风险。特别是近几年来，国内很多播音员主持人常常受到心理问题的困扰，并引起社会的关注。本书研究的目的是灵活运用心理学相关的理论知识，让播音员主持人利用认知心理和人格心理来提高职业素养和自我效能。此外，本书还在问卷调查和个人采访基础之上绘制出职业压力量表，为了让播音员主持人更好地认识自己的心理状态，用科学的方法进行自我调整。特别是缓和自己工作的压力和工作的倦怠感以保证播音员主持人自己在面对巨大的职业压力时也能保持良好状态，最终实现自己的职业理想，达到职业生涯的高峰。

第二，从广播电视行业的角度来说，随着媒体环境和节目形式的发展，作为连接媒体与接收者之间的纽带，播音员主持人在媒体中扮演着越来越重要的角色。特别是在名人效应凸显的今天，播音员主持人不仅代表着节目的特色和定位，也逐渐成为测量节目品质的参照物。因此，在提高播音员主持人自身的职业心理素质同时，培养播音员主持人的团队精神、提高节目组的集体效能则显得尤为必要。播音员主持人尽管只是节目组的一颗螺丝钉，但是如果这颗螺丝钉能够发光，将会使整个节目熠熠生辉。由此可见，一名业务能力优异、职业心理健全的播音员主持人能够带动整个节目呈现健康向上的姿态，对提升节目整体感观和传播效果有非常积极的影响。因此，本研究在关注播音员主持人的个人心理的同时，也将目光投向播音员主持人的集体效能和团队精神，结合理论分析和实例分析，探讨研究播音员主持人应如何实现自我效能和集体效能的同步提升以及个体和团队的统一。

第三节　研究创新点

播音员主持人的职业心理研究在我国目前仍处于初期阶段，相关研究一般是套用普通心理学和职业心理学的相关理论知识来分析播音员主持人的心理状态。总体来看，目前国内的相关研究成果仍不丰厚，代表著作主要有祁芃教授的《播音主持心理学》（1999），以及马玉坤、高峰强主编，笔者担任副主编的《播音主持心理学教程》（2008）。但是，由于上述两本书的出版年代较远，书中的很多论述不能适应职业发展现状，需要部分修订和补充。广播主持艺术学、职业心理学类的书中也包含有部分的研究成果，但这部分著作缺乏系统性，因此参考价值有限。除了学术界的研究外，近年来，越来越多的广播电视机构的从业者开始对播音员主持人的心理问题感兴趣，从微观的角度进行分析和论述，虽然具有现实意义和时代特色，但理论基础不深，研究大多停留在叙述层面。

笔者结合自身心理学和广播主持学的交叉学科背景，试图对播音员主持人的职业心理进行具有现实指导意义的细分研究。为了最大限度地深入研究对播音员主持人职业发展产生最大影响的心理因素，本书以第三章和第五章为基础，放弃教科书式论述方式，通过分析现实媒介环境和播音员心理压力状态的变化，完善目前国内著名播音员主持人的案例分析，实现对播音员主持人的认知心理和人格心理的新论述，使研究更有可读性和现实指导性。

本研究的第二个创新点是跳出播音员主持人个体心理研究的围栏，在广播电视行业的大背景下考察播音员主持人的职业心理特征。因此，本书通过对播音员主持人团队精神的意义和培养方式进行深入研究和探讨，以期提高播音员主持人自身素质上升到提升节目组甚至整个频道的实力。

本研究的第三个革新点也是本书着力最多的部分。笔者尝试引入量表工具，定量分析了播音员主持人所面临的压力和职业心理状态。这也是国内首次对播音员主持人进行压力测量和分析的实证研究。

第四节　文献综述

从当下的播音心理学的研究来看，很多关于播音心理学的文章都在探讨播音员主持人应该具备怎样的心理素质，讨论心理素质对播音员主持人有怎样的影响。大多数文章主要是讨论播音员主持人如何培养良好的心理素质，或者如何调整麦克风前的状态。比如，闻闸的《感知体验篇——播音心理学漫谈之一》中谈到，对播音员主持人的感受和接受语言，不仅仅停滞于感知文字、记号、声音的流动对人们带来的冲击，还要接受语言本身所承载的意义。在播音员主持人所传达稿件内容时，不仅要传达信息，还要交流想法。该文章重点是研究传达者和接收者的语言与文字感知的差异。对于接收者来说，听觉和视觉在传达过程中是不同的，存在着信息的心理转化。❶

提到播音员主持人的心理研究过程，首先要考虑播音员主持人对原稿的想象力，再现原稿真实的情景和人物真实的状态是一篇稿件成功的关键。闻闸在《想象思维篇——播音心理学漫谈之二》中研究了播音员主持人的想象力和逻辑思考能力。他说，想象是思考活动的一种存在形式，与逻辑性思考和抽象性思考不同，主要表现在生动性、具体性和形象性等方面。在播音员主持人的心

---

❶ 闻闸.感知体验篇——播音心理学漫谈之一［J］.现代传播，1983（3）.

理活动中，想象是不可缺少的。文章叙述了想象和思考的本质关系，分析了想象和思考对播音主持创作的巨大影响。❶ 正如文章所说的那样，想象不是凭空捏造的，而是富有逻辑性，有擅长想象的人，也有不擅长想象的人，但是想象是可以锻炼和训练的。所以，播音员主持人要有意识地锻炼和强化自己的想象力。当我们非常积极的时候，大脑会出现一系列的连锁反应，此时的想象则接二连三地涌现。但也不能不着边际地对稿件产生想象。这些具体操作在曾志的《试析播音主持艺术创作中的内心视象》中指出，我们可以简单地将视象理解为"想象的形象"或"回忆的形象"。❷ 当我们处理原稿的时候，在自己心中想象或看到原稿中出现的人或事情，充分发挥自己的想象力，再通过熟练的表达技巧表达出来，力求受众也能同我们一样感知我们所提及的人和事，从而达到由己达人的目的。我们将想象理解为通过对内心视象的分析，阐述了内心视象是播音员主持人形象思维的产物，更是表达时"言之有物"的前提和基础。如果在播音主持创作中不用心看原稿的内容，我们的表现就会流于形式，脱离内容，内容就会失去它传播的意义和价值。

情绪在播音员主持人的播音主持过程中也非常重要，例如，闻闸在《情绪情感篇——播音心理学漫谈之三》中指出，情绪情感在我们的各种活动中是无处不在的，特别是在创作活动中更是随处可见，而且情感在创作的成果中也有着鲜明生动的表现。情绪表达在播音主持创作过程中的作用主要是促进语言的生动表现。❸ 本书通过分析情绪情感在播音主持中的认识、播音主持中的情绪情感作用、播音主持中对情绪情感的运动过程、播音员主持人对情绪情感的要求等，论述了如何培养播音员主持人的情绪情感。情绪情感的产生是由于生理原因引起的，这种生理基础非常复杂，情绪的产生在心理学研究中的说法很

---

❶ 闻闸.想象思维篇——播音心理学漫谈之一［J］.现代传播，1983（4）.
❷ 曾志.试析播音主持艺术创作中的内心视象［J］.浙江广播电视高等专科学校学报，1999（1）.
❸ 闻闸.情绪情感篇——播音心理学漫谈之三［J］.现代传播，1984（4）.

多。情绪情感发生在认知活动中，这种行为通过认知折射产生。认知是指再次感知和再现某些事物，我们在原稿中产生的某种认知是在过去生活中积累起来的，而生活经验和知识制约着我们的认识和态度。如果事物是符合人们的认识和愿望，就会产生积极的情绪。关于播音员主持人情绪产生和化解的问题，我们在贺锡廉的《播音员主持人情绪心理分析》中也有所了解，播音员主持人在节目中缺乏激情是一个值得深思的问题，他认为"激情"是构成情绪不可或缺的因素之一。● 因此，播音员主持人在播报原稿时需要产生激情。激情在广播文艺节目和广播音乐节目中存在的合理性是非常明确的，而在新闻、社会教育和服务等节目里，同样也是播音主持中的基调。这种激情的情绪在广播创作过程中是不可缺少的，通过分析与激情相关的个人主观因素的生理基础、与激情相关的客观环境因素、与激情相关的个人语言和文化因素，发现激情永远是提高播音主持影响力的重要因素之一。刘涛在《新闻播音员备稿时的心理因素浅析》中指出，新闻主播在正式播出前准备稿子的过程中，心理是在不断发生变化的。在这个过程中，需要调动播音员主持人多方面的心理因素，如理解、感受、想象和情感的调动，当然这些因素并不是单独存在的，而是需要播音员主持人拥有很强的心理素质，将这些要素充分融合，最终达到一个完美的表达效果。而在每一次稿件准备过程中，都需要保持正确的原则和方法，拥有强大的心理调节能力，才能让播音主持创作过程完成的更加出色，从而通过播音主持影响受众。● 想象可以调动播音员主持人的心理状态和播音主持状态，好的播音主持状态对播音员主持人来说特别重要。这就是老一代播音员主持人常说的播音主持前的积极性。

不仅仅是"想象"对播音员主持人来说很重要，丰富的心理活动和播音主

● 贺锡廉.播音员主持人情绪心理分析 [J].新闻前哨，2010（1）.

● 刘涛.新闻播音员备稿时的心理因素浅析 [J].东南传播，2014（8）.

持中的心理平衡感也同样重要。刘恰在《试论播音员主持人心理的平衡》中指出,丰富的心理活动对于播音员主持人来说是极其重要的。❶ 文章通过探究播音员主持人创作在感情中的平衡、个性风格中的平衡、播音员主持人素养中的平衡等多方面平衡心理对播音员主持人的影响,分析播音员主持人的心理平衡对节目产生的直接深远的影响。胡峰、陈小萍在《播音心理状态的调整》中指出,播音员主持人除了具有稳定、踏实的基本素质外,还需要丰富政策理论知识和科学文化知识。❷ 文章从播音员主持人的自信和工作态度开始,呼吁播音员主持人与时俱进,不断完善自身的知识结构,以便在整个播音主持过程中更好地理解、把握原稿,使表达更加合理、出彩。底桓在《心理学在播音主持活动中的影响与作用》中指出,随着传播环境越来越复杂,群众对节目和播音员主持人的要求越来越高,播音员主持人的压力也越来越大。❸ 在播音主持过程中平衡播音员主持人的心理状态和心理感受对于播音员主持人的创作来说十分重要,底恒的文章中对心理学如何逐渐融入播音员主持人的播音主持工作以及播音员主持人对心理学的运用方法做了相关的分析。他说:"播音主持工作在各个环节上都与心理学有着千丝万缕的联系,无论是从信息的加工过程(包括语言、感知、知觉、注意、记忆和思维等),行为控制与调节(包括动机、情绪和情感)和个体心理特征(包括能力、性格、气质)几个方面,还是从受众的心理考虑方面,都有心理学伴随左右。"力求更好的将播音主持工作与心理学科相结合,创造出更完美的视听盛宴。

从整个播音主持心理学研究的历程来看,对播音员主持人心理素质的研究最多,由此可以看出,培养播音员主持人的心理素质相对来说是较为重要的。刘宁、谭力在《浅谈良好的心理素质对新闻播音的重要性》中提出,新闻主播

---

❶ 刘恰.试论播音员主持人心理的平衡[J].科技信息,2010(28).
❷ 胡峰,陈小萍.播音心理状态的调整[J].声屏世界,2012(11).
❸ 底桓.心理学在播音主持活动中的影响与作用[J].西部广播电视,2015(9).

应具备良好的综合素质，包括政治素质、文化素质、业务素质、心理素质等，其中心理素质需要在不断的实践、学习中获得，有相对的稳定性。❶文章介绍了新闻主播的基本素质构成，分析了良好的心理素质对新闻播音的重要性。特别强调了现在的新闻播音基本上是直播形式，这对新闻主播提出了更高的要求。心理素质的强弱是影响新闻播报是否成败的重要因素。与以往不同，现在的电视节目的时效性大大提高，这就要求播音员主持人具备较强的应对能力和随机应变能力。节目信息量大，时效性强，而且节目可视性也越来越强，因此，对播音员主持人的基本要求也越来越高。除此之外，对播音员主持人的心理素质要求也会越来越严格。好的心理素质可以帮助播音员主持人承受各种压力，适应各种播音主持环境，摆脱不良心理烦恼，更好地迎接新的挑战。高亚东、刘鹏涛在《谈谈播音创作主体的心理素质》中也具体分析了播音员主持人的心理素养。❷文章中提出，播音员主持人的心理素质直接影响着节目的质量，如何提高播音员主持人的心理素质显得尤为重要。该文从调整播音主持创作心理活动过程、播音主持创作主体心理状态的角度，论述了自信、自如、积极、振奋、从容的心理模式，是经过长期训练和播音主持实践的结果，它以坚强的意志、对事业的热爱和高度的负责为基础。

关于播音员主持人的心理素质的研究，很多学者都有自己的见解。杨金兰在《电视节目主持人心理素质成长过程中的问题及对策》中指出，随着广播电视事业的快速发展，主持人节目成了最受欢迎的电视节目形式之一，电视节目主持人的主持质量和心理素质也受到了广泛的关注。❸该文论述了电视节目主持人在心理素养的成长过程中遇到的相关问题，对如何提高电视节目主持人的心理素养进行了有效的分析。其目的是让电视节目主持人拥有更丰富更广泛

❶ 刘宁，谭力.浅谈良好的心理素质对新闻播音的重要性［J］.华章，2012（17）.
❷ 高亚东，刘鹏涛.谈谈播音创作主体的心理素质［J］.考试周刊，2016（94）.
❸ 杨金兰.电视节目主持人心理素质成长过程中的问题及对策［J］.西部广播电视，2014（20）.

的知识积累、更坚实的专业素养和更高的政治素养，从而更好地提高电视节目的主持质量。可见，良好的心理素质对于播音员主持人来说是极其重要的。同样，在对心理素质的研究中，曲媛媛在《播音员主持人心理素质培养》中指出，播音员主持人可以被称为声音模特，通过声音将信息准确地传达到听众的耳朵里是他们的职责。❶ 作为播音员，和其他类型的主持人大不相同，通常情况下大部分播音员只能通过声音传达信息，而其他类型的主持人还可以通过肢体动作或脸部表情等传达信息，这对播音员的基本素质提出了很高的要求。其中，良好的语言素养、良好的思想和道德都是播音员主持人所必须具备的能力。文章就如何培养播音员主持人心理素质方面进行了论述。在播音员主持人专业技能和心理素质方面，尹凯在《播音主持人的专业技能与心理素质培养策略》中指出，播音主持是一门传播的艺术，它通过声音传播实现与公众的沟通交流。❷ 专业技能和心理素质在播音员主持人的实际工作中有着很高的要求，这要求播音员主持人必须通过不断训练、与时俱进，不断学习和反思才能做好并胜任这份工作。该文还对播音员主持人应具备的基本能力与素质进行了探讨，提出了播音员主持人的专业技能与心理素质培养策略，并紧紧围绕思想道德素质、播音品质、文化功底与文学素养、心理素质四个方面，对播音员主持人的综合素质提出更高的要求。在过去，播音员主持人要具备良好的思想素质、较高的文化素质及专业的知识素质，现在广播电视发展到了新阶段，播音员主持人也应与时俱进。刘伟光在《播音主持与心理素养分析》中指出，播音员主持人忽略了一项特别重要的素质：积极健康的心理素质。❸ 文章主要探讨了播音员主持人应具备怎样的心理素质，以及心理素质对播音员主持人有哪些影响，同时举例说明了心理素质差的几种表现方式及造成这些现象的原因，最

---

❶ 曲媛媛.播音员主持人心理素质培养［J］.科技资讯，2016（29）.
❷ 尹凯.播音主持人的专业技能与心理素质培养策略［J］.大众文艺，2017（19）.
❸ 刘伟光.播音主持与心理素养分析［J］.西部广播电视，2016（3）.

后提出了解决的策略，目的在于希望通过该文章对播音员主持人从业有所裨益。

胡伟东在《电视播音员、主持人心理素质培养刍议》中指出，电视播音员主持人心理素质的强弱直接影响着一个节目的质量和传播效果，而在突发情况或和观众互动的时候这种影响是最为突出的，电视播音员主持人的心理素质强弱对节目结果会产生最为直观的影响。❶因此，想要成为一名合格的电视播音员主持人，就必须具备良好的心理素质。文章主要从三个方面对电视播音员主持人心理素质的培养进行了分析。随着电视媒体的不断发展，对电视播音员主持人也提出了更高的要求，因此吕莹在《电视播音员主持人心理素质培养》中指出，在播音主持工作中，电视播音员主持人除了要有专业知识和思想素质，还应具备较强的心理素质。❷文章通过论述心理素质的概念和意义，从提升自身的知识结构和职业技能、播音主持前做好充分准备、不断反复实践练习、提升自身文化修养四个方面对电视播音员主持人心理素质培养策略进行探讨。

广播播音和电视播音都对播音员主持人心理素质有极高要求，如何培养这些素质是关键问题。欧洪乐在《浅谈播音主持的心理素质与专业技能培养》中提出，播音主持在我国媒体事业发展中有着重要的地位，而播音员主持人的心理素质和专业技能对传播效果有着直接的影响。只有播音员主持人具备较强的心理素质，面对各种突发问题和事件时能够灵活应对，并且在实践过程中会运用各种专业技能来提高播音主持水平，才能有效地促进我国媒体事业的高速发展。❸文章立足于对当下播音主持遇到的问题进行分析，力求帮助播音员主持人的心理素质得到大幅度的提升，让他们轻松应对各种突发问题。在培养策略方面，苏亚运在《浅析电视播音员主持人心理素质培养的策略》中指出，电视播音员主持人是整个节目的重要环节，他们的心理素质直接关系到一档节目的制作质量和传播

---

❶ 胡伟东.电视播音员、主持人心理素质培养刍议［J］.新媒体研究，2015（3）.
❷ 吕莹.电视播音员主持人心理素质培养［J］.西部广播电视，2016（23）.
❸ 欧洪乐.浅谈播音主持的心理素质与专业技能培养［J］.采写编，2017（12）.

效果。尤其是面对突发情况或进行直播评述，要求播音员主持人必须具备过硬的心理素质。❶ 文章侧重于探讨培养电视播音员主持人心理素质的主要策略。白宏伟在《播音员如何加强心理素质培训》中指出，随着播音事业的发展，播音员作为一档节目的关键人物，承载着越来越多新的使命和要求，他们要更好地连接媒体和受众，就要更加全面地提升自己的综合素质，使节目质量越来越高。在处理突发状况时，播音员是否具备过硬的心理素质，是否能够灵活、有效地对突发状况进行处理，是如今的播音员所面临的重大难题之一。而心理素质的提高也不是一蹴而就的，需要通过不断丰富知识底蕴、提高语言素养、加强自信心、增加实战锻炼等方式逐渐实现。❷ 薛阳乐在《播音、主持人员心理素质培养有效措施探究》中指出，播音员主持人不仅要有较高的思想素质、良好的文化素质和专业的知识素质，还应具备积极健康的心理素质。❸ 文章从提升自身专业知识、做好事前准备工作、注重日常实践工作、提升自身文化修养四个方面对培养播音员主持人的心理素质进行了分析，并呼吁播音员主持人在平常生活和工作中要时刻关注自我心理状态并进行合理的调整，力争做到自己的情绪可以收放自如，以最好的状态投入工作中，提高自己的工作质量，为广播电视行业贡献一分力量。

要使播音员主持人有好的心理素质，在面对突发情况时有好的心理状态，首先要对播音员主持人的不良心理态势进行分析。李海楠在《播音主持人不良心理状态分析》中指出，因为播音员主持人都工作在第一线，所以要求他们必须了解多门学科的综合知识，只有掌握了更多、更广泛的知识，才能在表达时既有广度又有深度。播音员主持人工作的特殊性，对其心理承受能力要求特别高，因为只有心理承受能力非常好，才能让信息顺利而有效地进行传播。❹ 文

---

❶ 苏亚运.浅析电视播音员主持人心理素质培养的策略［J］.西部广播电视，2017（6）.
❷ 白宏伟.播音员如何加强心理素质培训［J］.中国新通信，2014（24）.
❸ 薛阳乐.播音、主持人员心理素质培有效措施探究［J］.滁州职业技术学院学报，2015（3）.
❹ 李海楠.播音主持人不良心理状态分析［J］.才智，2011（1）.

章呼吁要认清播音员主持人在整个播音主持过程中所有的心理状态和内在规律，并对播音员主持人的心理素质进行良好的培养。王峥在《播音员主持人嗓音影响力的实现与"心理预热"》中指出，嗓音的存在不是空洞的，更不是无目的的，从传播学角度来说，人的嗓音可以帮助我们表情达意，最终可以对受众的思维和行为方式产生一定的影响，从而实现播音员主持人对他人、社会以及自然的"影响力"。但是想让嗓音产生影响力，就必须在内心有"想说"的冲动。❶ 文章着重在身份认同、立场态度、发生动机、影响力信念等方面探讨了"心理预热"对于实现嗓音影响力的重要作用。不良心理状态还包括焦虑的心理状态，而李飞在《浅析播音员主持人如何克服心理焦虑》中指出，播音员主持人应具备良好的心理素质，培养足够的心理承受力，其中包括承受来自领导的监督和来自受众的批评，以及劳累或失败带来的身体不适和思想煎熬。❷ 播音员主持人有着巨大的工作压力，也就容易出现心理焦虑，这种焦虑主要来自话筒或镜头前的紧张状态。播音员主持人有三个最为普遍的焦虑原因：一是对失败的焦虑；二是在同行面前失手的焦虑；三是害怕让公众失望的焦虑。面对这样的心理焦虑，播音员主持人有必要通过心理训练来减轻焦虑感。针对这一问题，文章选取了几种克服焦虑和排解压力的训练技巧以供播音员主持人放松心态。沈红在《会议现场播音紧张心理分析》中指出，相比于传统的播音员来说，会议现场的播音和在播音间面对话筒或镜头播音有着明显的不同。播音员在会议现场的播音内容更为复杂、要求也更为严格，其中包括宣读大会人员名单、会议决议、决定、背景介绍、贺信、贺电等。会议现场播音要求宣读播音时零差错，这些要求会给播音员带来巨大压力，也会让播音员产生焦虑的心理。❸ 文章结合多年的播音实践，对焦虑心理产生的原因、应对手段和措施以

❶ 王峥. 播音员主持人嗓音影响力的实现与"心理预热"[J]. 现代传播，2012（3）.
❷ 李飞. 浅析播音员主持人如何克服心理焦虑[J]. 西部广播电视，2017（3）.
❸ 沈红. 会议现场播音紧张心理分析[J]. 青海师范大学学报（哲学社会科学版），2013（3）.

及解决的根本路径等方面进行了论述分析。郭志坚在《新闻播音员紧张心理剖析及解决途径》中提出，播音员的业务条件、知识修养等都会对新闻播音的质量产生影响，但最终决定新闻播音成败的是播音员的整体心理素质以及整个播音过程中的心理状态。同时他认为播音心理学是一门复杂的新兴学科，包含播音主持、艺术、普通心理学、生理学、社会心理学、哲学、美学等多门学科。❶文章中他依据现有的研究成果和多年实践经验对新闻播音过程中经常遇到的紧张心理做了探讨，并试图寻找解决方案。

不同的人会产生不同的心理状态和心理问题，韩福海在《浅谈播音员和主持人的心理差异》中指出，随着广播电视事业的高速发展，各种节目、各种类型的播音员主持人如雨后春笋般涌现，但播音员主持人在工作中必须调整好自己的心理状态和自控能力，找准自己的正确位置。❷文章对播音员主持人在时态空间感上的心理差异和对象感的心理差异进行了分析，比较全面地对比了播音员主持人心理差异的多个方面。在自我暗示方面，李天光在《浅谈自我心理暗示与播音》中指出，话筒前的状态是决定播音员能否自如驾驭节目、使节目按照计划目标完美进行的重要因素之一。播音员的话筒前状态对整个节目的成功与否起着核心作用，而如何调整话筒前的状态，以积极、敏锐的话筒前状态来圆满完成播音工作，是播音员主持人所要思考和解决的问题。❸文章分析了怎样积极的自我心理暗示可以帮助调整话筒前状态，从而达到事半功倍的效果。

播音员主持人的心理活动也是非常重要的方面，郑健在《播音员心理活动的把控》中指出，在广播节目中，播音员经常会在"自我心理"与"非我心理"的统一上出现问题，而对播音员心理素质要求最高的两类节目就是电视直

---

❶ 郭志坚.新闻播音员紧张心理剖析及解决途径［J］.电视研究，2012（5）.
❷ 韩福海.浅谈播音员和主持人的心理差异［J］.大陆桥视野，2012（20）.
❸ 李天光.浅谈自我心理暗示与播音［J］.黑河学刊，2012（3）.

播和广播热线谈话类节目。❶文章着重就广播热线谈话类节目的特点加以分析，通过对播音员"非我心理"与"自我心理"识别、播音员良好心理素质的实践把握、年轻播音员良好心理素质的形成与培养等方面研究，尝试得出播音员在此类节目中掌握良好心理素质的有效方法。最不容忽视的就是新晋播音员主持人的心理状态，郑帅在《试析播音主持新手适应工作的心理调试》中指出，播音员主持人是媒体的代言人，他对传播方式的规划以及对文化的潜在取舍不只停留在个体层面，而是代表着媒体的选择。❷文章从基本功、模仿等方面入手，对工作过程中容易出现的"不适应"问题进行了分析，并从心理状态调整、加强理论业务的学习和用情感来感染受众等方面提出了建议。

以上是国内学者针对播音员主持人的心理状况进行的具体研究和分析，基于这些研究成果，我们对播音员主持人心理进行了更细致、更具体的研究。

第五节　研究方案

一、研究目标

本研究将通过文献分析、案例分析、问卷调查等方法，对播音员主持人职业心理进行系统性的梳理和有重点的探析，力求实现微观和宏观两个层面的研究目标。

微观层面，笔者将致力于将心理学知识与播音员主持人的职业管理理论有机地结合起来，帮助业界的播音员主持人习得一定的认知心理和人格心理的理

---

❶ 郑健.播音员心理活动的把控［J］.视听纵横，2010（1）.
❷ 郑帅.试析播音主持新手适应工作的心理调试［J］.中国科教创新导刊，2009（25）.

论知识，掌握职业生涯必备的认知技巧和人格心理完善路径。此外，笔者还通过网络搜索和实地访谈等途径，收集整理了大量来自业界一线的正反面案例经验，试图对上述问题进行更加清晰的阐述和分析，以期为播音员主持人提供切实可循的经验，指导播音员主持人规避在职业生涯中可能出现的各种风险。此外，利用科学的职业心理量表工具，希望帮助播音员主持人个体认清自身的职业心理状态，并依据调查结果进行有针对性的心理调适和心理干预，从而实现职业心理压力的缓解和心理状态的改善。

本研究宏观层面的目标主要体现在以下两个维度。首先，从总体上看，关注播音员主持人的心理健康，一方面，需要高度重视播音员主持人的主观感受、认识水平，提高其知识水平和技能，从而提升他们的自我效能，使良好的工作动机得以激发；另一方面，播音员主持人的工作环境也需要得到广泛关注，如可以提供良好的竞争与评价制度，为他们的工作创造有利条件。因此，本书在探析播音员主持人个体心理的同时，也提出了对广播电视体制和制度的改善建议，从某种程度上上升到媒介管理的高度。其次，是提升播音员主持人的自我效能，提高其工作绩效，进而提升节目组的集体效能。因为节目创新的基础与源泉大部分来自播音员主持人的创造力，广电机构应提高播音员主持人自我效能的创意，促使其积极主动地参与"采、编、播"等创新过程中。只有这样，才能源源不断地开发新视角、新节目，实现组织创新，从而提高广播电视集体效能和核心竞争力。

二、研究可行性

所谓研究可行性，除了研究论题范围的适中、研究者学科背景和研究能力的扎实、研究方案设计的合理之外，主要是指以往相关领域丰富的研究成果为本研究奠定了相当坚固的理论基石。具体来说，与本研究相关的研究成果主要集中在以下几个方面。

（一）认知心理和人格心理的研究成果

作为普通心理学中重要的组成部分，认知心理和人格心理的研究成果可谓相当丰厚和扎实。由理查德·格里格（Richard Gerrig）和菲利普·津巴多（Philip Zimbardo）二人合著的《心理学与生活》是普通心理学领域较为经典和全面的一本著作，书中对感觉、知觉、记忆和人格心理进行了全面而详尽的论述。由北京师范大学彭聃龄主编的《普通心理学》是国内普通心理学领域的权威著作之一。书中的第二编《人的信息加工》对人的认知心理进行了完整的论述，分别介绍了感觉的一般概念和分类、知觉的一般概念和特性、意识的一般概念和几种不同的意识状态、注意的一般概述和机制、记忆的一般概念和神经生理机制以及思维的一般概念等问题。该书的架构也成为本研究第二章理论框架的来源。

人格心理的研究成果除了在上述经典普通心理学著作中有所论及之外，人格心理学领域也有大量的经典研究著作，包括兰迪·拉森（Randy Laresen）和戴维·巴斯（Darid Buss）的《人格心理学：人性的科学探索》、海伦·帕尔默（Helen Palmer）的《九型人格》、黄希庭编著的《人格心理学》以及陈仲庚主编的《人格心理学》等。本书在上述参考文献的基础上，着力从个性倾向、能力、气质和性格以及人格分析四个方面对播音员主持人的人格进行阐述，力求实现对播音员主持人人格心理的全方位认识。

尽管普通心理学的研究成果异常丰富，但若想对播音员主持人的职业心理进行指导仍需要将心理学理论知识与职业管理理论、国内播音员主持人职业心理的实际情况结合起来。对播音员主持人的心理进行分析近年来也逐渐进入业界和学界的研究视野，相关领域的研究成果日益多元。

（二）播音员主持人心理素质的研究情况

历来对播音员主持人心理素质的研究都是集中在临场心理素质方面，在指导调节健康心理状态的同时，还剖析了心理状态欠佳的几种情况。

（1）心理紧张状态：指播音员主持人在话筒前过度紧张的心理状态。节目主持人尤其是直播节目主持人，直接面对的是广大听（观）众，很少有修正自己语言表达的余地，所以思想压力大，心理负担重，容易产生紧张情绪，极易出错，出差错后又容易进入更加紧张状态，形成了非良性循环。这种心态的形成有主观因素，也有客观因素。一般情况下，没有经过专业培训，发音、语言存在一定缺陷的编辑、记者出身的播音员主持人相比较更容易产生这种心态。另外，主持前备稿不充分、主持中出了差错等都会出现这种心态。

（2）心理松懈状态：指播音员主持人在话筒前松懈麻痹的心理状态。这种心态跟紧张心态形成了强烈对比，是一种完全被动式的主持心态。播音员主持人显得漫不经心，随意性强，不经过心理准备阶段即进入主持阶段。一般而言，自我感觉良好的播音员主持人容易出现这种心态；另外，工作责任心不强的播音员主持人在主持时也大多会出现这种心态。

（3）自我意识过强的心理状态：指播音员主持人在主持节目过程中过分强调自我感觉的心理状态。在节目主持过程中，持有这种心态的播音员主持人会不断地强调：我一定要主持得再好些、我不能再出差错、我应该这样发音等。这些美好的愿望或者说过大的强压意识充满大脑，干扰了本该全身心投入工作的情绪，以至于使播音员主持人无法进入一种平稳的直播主持状态。而这种强烈的自我意识，还会使播音员主持人在主持节目时分心，最终无法达到完美的境地。

（4）无自我意识状态：指播音员主持人在主持过程中不能自始至终保持头脑清醒的心理状态。这种心态的明显特征是播音员主持人大脑时常放空，出现空白点，有时无法接住搭档抛出的问题或接不上搭档的话，有时还找不出话题与嘉宾交流，导致出现冷场局面。造成这种心态的原因有播音员主持人生理方面的，如身体不佳、休息不好等；也有播音员主持人心理方面的，如过分紧张、过度悲伤忧虑等；同时精神不集中、大脑不兴奋也是造成这种心态的原因。

除此之外，还有播音员主持人缺乏自信或者过于自负等种种心理状态。

总体来看，上述研究成果仍较为分散，系统性不强，也缺乏实际案例的分析和说明，因此现实意义不大。但对播音员主持人心理素质的全方位考察却有着素材上的利好。因为现今播音员主持人在媒体的曝光率越来越高，已成为名副其实的公众人物，播音员主持人正走出荧屏，变成公众身边可亲可近的人，这一点是毋庸置疑的。播音员主持人正从二维的荧屏形象发展为立体的公众形象，这为我们研究播音员主持人群体的心理健康状态提供了丰富的案例和参考。

（三）播音员主持人压力管理的研究情况

随着广播电视行业竞争的日益加剧，强压下播音员主持人的工作状态成为关注的话题。压力是指个体对在环境中受到的威胁有所知觉或对未来可能发生的不安有所预期，因而对机体产生刺激、警告或使其活动。在北京广播电台、中国传媒大学等单位的支持下，笔者进行了播音员主持人工作压力问卷的编制工作，发现他们的压力主要来源于以下几个方面：①工作负荷大。据报道，我国播音员主持人每天平均工作时间超过 10 小时，平均睡眠时间不足 6.5 小时，24 小时随时待命。然而人的体力所能承受的精神压力都是有限的，身体长期过度透支或承受过高的精神压力，会让他们身心疲惫。②竞争激烈。目前新闻媒体大都采用末位淘汰制度和业绩考核制度，业绩排名靠后意味着他们随时可能被解聘。③受众要求更高。随着网络科技的发展、小屏时代的来临，受众对播音员主持人的要求也相应提高，一旦播音主持过程中出现了错误，就会受到群众的责难，这也无形中增加了播音员主持人的压力。

中等程度的压力能激发人的潜能，但如果长期处于高强度的压力之下，就会影响播音员主持人的身心健康，甚至使他们产生职业倦怠。职业倦怠是指个体因为不能有效地应对工作上延续不断的各种压力而产生的一种长期性反应。克里斯蒂娜·马斯拉克（Christina Maslach）和苏珊·杰克逊（Susan Jackson）指出，工作倦怠主要表现为情绪衰竭、去个性化以及个人成就感降低。余磊指出，地方电台播音员主持人职业倦怠产生的原因包括职业压力大、管理机制不完善、事业遇到了瓶颈、工作实际与职业期待不一致等方面。职业倦怠会使播音员主持人产生疲劳感、厌烦情绪、孤独感和疏远感，从而降低他们的工作效率，影响他们的工作质量。由此可见，播音员主持人的工作压力和职业倦怠问题是可能影响其可持续发展的阻碍。若能进行正确的压力管理，播音员主持人就能够很好地调整心态、适应生活。目前，相关研究者提出了一些有效的压力管理方法，其中包括合理进行时间管理、做好职业生涯规划、保持积极向上的心态等，但专业性不强，也缺乏切实可循的量化考据。本研究将继续对上述压力管理进行进一步分析，从播音主持管理者的视角出发，关注职业心理压力问题，为播音员主持人提供较为专业的指导、培训和支持，从而帮助他们解决各种工作和生活中出现的问题，改善组织氛围、工作氛围，进而提高他们的工作效率。

综上所述，以上研究成果和数据都将成为本研究必要的基础和可供参考的重要资料，可以极大地提高本研究的可行性。

三、研究思路

本书在对与播音员主持人职业心理相关的心理学理论进行界定的基础上，

对播音员主持人职业现状从认知心理、人格心理等心理学角度分析其普遍存在的问题，探析实现播音员主持人自我效能与集体效能统一的路径，进而通过制订压力量表对播音员主持人个体心理进行研究，分析产生职业心理压力的原因，提出解决不良心理状态的方法。本书由绪论、播音员主持人的认知心理研究、播音员主持人的人格心理研究、播音员主持人的团队精神研究、播音员主持人的个体心理研究、突发事件下电视新闻直播报道的心理调适研究、秀场主播的心理研究和新媒体语境下电商主播的心理指导研究八部分组成。

第一章是绪论，介绍了本书的研究背景、研究目的、研究思路、采用的研究方法、相关问题的研究综述等，通过查阅相关文献，考察业界现状，对课题进行宏观把握，完成文献综述。

第二章和第三章分别结合心理学的认知心理理论和人格心理理论对播音员主持人的职业心理现状进行分析。首先，梳理了与本研究相关的心理学理论知识，进而结合相关实际案例进行分析，探讨了播音员主持人在节目现场的心理素质问题及调节方法。其次，探讨播音员主持人场内场外心理状态的关系，从个案出发，列举数位播音员主持人在重大节目制作前后的自述，辅以工作人员的他述，并从心理学角度进行分析、总结。最后，以发展的眼光，探讨播音员主持人在较长时间段里的心理成长成熟过程，以及对其主持风格的影响；相对地，也尝试探讨播音员主持人的重大播报和活动主持对其心理素质的锤炼作用，以及个人风格的影响。

第四章和第五章分别通过对团队精神的分析研究和播音员主持人个体心理研究，探析了广播电视事业集体效能实现的有效途径与播音员主持人保持良好个人状态的方法。通过观察和把握播音员主持人日常的心理健康状态，制订播音员主持人职业心理压力调查问卷并对相关一线人员进行调研，结合个别典型人物的案例进行个案访谈，分析得出播音员主持人职业心理压力量表。通过量表分析从业过程中压力的来源及不良心理状态产生的缘由，进而提出相应的应对措施，以期为播音员主持人的从业实践提供参考，为广播电视事业的健康发展献计献策。

第六章、第七章和第八章分别聚焦于不同场域环境下播音员主持人心理研究，并从不同角度和不同方面来论述产生心理问题的原因，以及给出相应的心理调适和心理干预指导。

第六节 研究方法

研究方法指在研究中发现新现象、新事物，或提出新理论、新观点，揭示事物内在规律的工具和手段。由于本研究基于课题及调研报告的基础之上，故综合了多种学科研究方法。涉及社会学、统计学、心理学等多种学科，同时涉及文献研究法、比较研究法、个案研究法、调查研究法、规范分析与实证分析相结合的方法等多种研究方法。

一、文献研究法

文献研究法是最基本的一种方法。通过观察和调查无法获得所有研究现状，所以通过广泛收集查阅播音员主持人的职业心理的相关文献，能较为全面地了解相关理论和现实状况，能了解该领域的研究进展，便于梳理相关学者的研究成果并完成文献综述，进一步明确研究方向，借鉴科学研究方法，得出创新结论。这种方法贯穿于本研究的始终，主要体现在第二章的基础理论等方面。

二、比较研究法

按时空的区别，比较研究法可分为纵向比较法和横向比较法。纵向比较法（又称历史研究法）是比较同一事物在不同历史时期的形态，从而认识事物的发展变化过程，揭示事物的发展规律。它最大的价值在于既能服务于现在，又能对未来趋势进行预判。横向比较法（又称断面分析、截面分析）是对同一时期数据资料进行横剖研究，探讨社会经济现象和自然状况在特定时期相关程度、关系与变化的方法。其特点是在横向联系基础上，撇开各种事物、现象和过程的具体特征，以抽象方式探讨对象目标变化的趋势与规律。

三、个案研究法

个案研究法是认定研究对象中的某一特定对象，加以调查分析，弄清其特点及其形成过程的一种研究方法。个案研究有三种基本类型：①个人调查，即对组织中的某一个人进行调查研究；②团体调查，即对某个组织或团体进行调查研究；③问题调查，即对某个现象或问题进行调查研究。

四、调查研究法

调查研究法指制订某一计划全面或比较全面地收集研究对象的某一方面情况的各种材料，并做出分析、综合，得到某一结论的研究方法，包括访谈法、问卷法等。如调研的时候采用的预约面谈、入户访谈、网络电话访谈、深访、观察、问卷调查和召集座谈等。

五、规范分析与实证分析相结合的方法

（1）规范分析法是指对已有的经济现象、经济运行状态做出是非曲直的主观价值判断，重在对研究对象的理性判断，要回答的问题是"应当是什么"。

（2）实证分析法是指按事物的本来面目描述事物，侧重对研究对象的客观描述，说明研究对象"是什么"。

第二章

播音员主持人的认知心理研究

第一节　感知觉是播音员主持人认知信息的基础

一、感知觉的定义

（一）感觉及其意义

感觉，是我们利用感觉器官，如眼睛、耳朵、鼻子、舌头等收到刺激后产生神经反射，传导至大脑来反映身体内外信息的过程，在这个过程中我们可以通过感觉来反映现实的信息，使大脑产生思维。在多姿多彩的社会生活中，我们获取的外部世界的信息是相对准确的，这样我们才能适应世界，使自己生存。在社会中，我们需要食物来提供能量，维持基本的生理需求；我们需要房屋来保护自己，提供住宿需求；我们需要人际交流来与人沟通，这样才能满足社会需求等。要想满足身体对社会生存的需求，我们就需要从外部世界中获取可靠的信息，满足生理需求和心理需求。

感觉的定义是人脑对直接作用于感觉器官的客观事物的个别属性的反

映。❶ 例如，看到漫山遍野的蓝色薰衣草，听到亲密爱人爽朗的欢笑声，闻到扑鼻而来的花香，感觉到轻柔拂面的微风等，这些都是事物某一方面的个别属性，通过我们的眼睛、耳朵、鼻子、舌头等感觉器官作用于人脑，在人脑中引起相应的视觉、听觉、嗅觉、味觉等心理活动。

感觉是我们认识客观世界的一种最简单的形式，但它在人的日常生活和工作中却具有十分关键的实际意义。它是认识过程的开端，是一切复杂心理活动的基础。根据感觉，人们能够掌握客观现实中自然环境的信息，进而了解外部事物各种各样的属性，从而了解自身的各种状态，如饥渴、疲惫、疼痛等，以此成为实现自我调节的有效信息。感觉的实际意义还取决于它是一切高级、较繁杂的心理现象产生的基础，知觉、记忆力、逻辑思维、想象等高级心理状态将感觉到的信息多方面综合性鉴定后，才可以对自身情况加以分析并得到新的专业知识。除此之外，人的情感和意志活动也离不开人对外界环境和机体内部状态的感知。对于播音员主持人来说，能够在工作中充分调动各种感觉器官了解和认识周围的人、事、物，是其做出合理判断、指导自身行为的基础。

感觉为我们提供了自然环境的信息和知识，我们可以通过感觉来认识世界，调整自我行为，还能够依靠感觉来体会外部事物的色调、样子、味道等来掌握各种各样的物体属性。小到人的日常生活，大到发现宇宙奥秘等，都离不开感觉给我们提供的信息。

（二）知觉及其特点

知觉是人脑对直接作用于感觉器官的客观事物的各个部分和属性的整体反映。❷ 人的感知器官遭受某一外部事物的刺激后，感官上的神经细胞便会兴奋

---

❶ 叶奕乾，何存道，梁宁建.普通心理学［M］.上海：华东师范大学出版社，2004：85.
❷ 同❶：113.

起来，这种不理智由神经中枢传送给人的大脑，造成相对的感觉（视觉、听觉、嗅觉、味觉等），不一样类型的感觉互相联络，共同组合后形成对客观事物多方面属性整体认识的知觉。虽然知觉和感觉一样，都是事物直接作用于感觉器官而产生的心理现象，但知觉又不同于感觉，感觉是对事物个别属性的反映，而知觉是对事物各种属性、各个部分、各个方面及其相互关系的、综合的、整体的反映。[1]因而，知觉是在感觉基础上产生的，但比感觉更高级、更繁杂的认知过程。

知觉作为一种心理现象，在活动过程中包含着相互联系的几种作用，分别是察觉、分辨和确认。知觉的这几种作用与个体的知识经验结构密切相关，没有播音学知识基础的受众很难察觉到广播或电视节目中播音员主持人在语言表达、现场控制等方面存在的具体缺点和问题，正如没有医学知识背景的人，难以看懂 X 光片中隐含的病症信息。

视觉系统是人类和其他动物最为复杂而高度发展的重要感觉。[2]人的双眼是我们视觉来源的关键"设备"，它如同一个数码相机，能精确捕获并体现事物表层的信息。数码相机通过收集和聚集光源的透视来观察事物，而眼睛也同样如此，通过收集光线来穿过角膜，再穿过瞳孔，运用虹膜内肌肉的舒张和收缩来改变瞳孔的大小，利用记录光线的变化，进而使光线越过玻璃体，最后投射到视网膜上，产生影像。视神经收到信号后，将捕捉的图像传给大脑枕叶的视皮层区域。经过一系列的视神经传递，来自视野的感觉信息逐步走到了脑的视皮层，形成图像，产生视觉。视觉的形成是感觉的最首要、最初级、最基本的感觉反应，视觉也是在心理学中被研究最多的感觉。它不仅准确反映图像的形状、大小等信息，对颜色的感知也非常重要。

---

[1] 张积家.心理学［M］.青岛：中国海洋大学出版社，1994：118.

[2] 理查德·格里格，菲利普·津巴多.心理学与生活（第 19 版）［M］.王垒，等译.北京：人民邮电出版社，2019：93.

声音，即产生听觉。其实在我们对世界的感知中，听觉和视觉相互起着互为补充的作用。有一个奇诡的现象，有时候我们在看到刺激以前会先听见刺激，这就是我们常说的"不见其人，先闻其声"，这种情况更多地出现在有遮挡物的情况下。

二、感知觉的特征和规律

（一）感觉的特征和规律

1. 感觉后效

感觉器官对刺激的感觉是有延续性的，在刺激对感官的作用停止的瞬间，感官对刺激的感觉不容易伴随着刺激马上消退，而是会持续一段很短的时间，我们把这种现象叫感觉的后效。从感觉的不同分类中我们可以发现，痛觉和视觉的后效对比别的感觉后效要更为明显，其中视觉后效又叫视觉后像。当这种断续刺激的出现达到一定的频率之后，感觉后像能够使人对这种时断时续发生的刺激产生连续的感觉。电视、电影的制作便是应用了感觉后像的这类心理学原理。

2. 感觉适应

由于刺激的持续作用导致人的感受性发生变化的现象叫感觉适应。它是感觉受到刺激时间长短影响的结果。比如，当我们在游泳的时候，跳入游泳池最初一瞬间会觉得水很冷，但是过了两三分钟后就不会觉得那么冷了，这种感觉适应便是温度感觉的适应。古人云："入芝兰之室，久而不闻其香，入鲍鱼之肆，久而不闻其臭"，说的就是嗅觉适应现象。对比而言，听觉的适应并不是很显著，痛觉的适应不经常发生。

在长期性演变全过程中有机体形成了相应的适应能力，这种能力使我们不但可以对外部事物产生感知，与周边环境保持必要的平衡，而且能够不断实现自身行为的调节。熟识和掌握适应现象的规律性对人采取必要的对策来主动适应环境具有重要影响，尤其是从事直播工作的播音员主持人。在录播节目之前，播音员主持人要做好各种准备活动，甚至在开播前要做模拟直播训练，让自己时刻保持着在镜头前的状态，这是对下一步的紧张录播工作做提前适应。2003 年"抗击非典"期间，中央电视台前主持人张泉灵持续十几天奋战在演播室做直播，她直言此次直播是"直播生涯中变数最多的一次"，有几次节目都开始了，特邀嘉宾仍在一线奋战。但是通过此次直播，张泉灵实现并完成了她人生的又一个突破："过去我对着访谈对象讲话时十分轻松，但如果独立冲着摄像镜头表述就没有那么轻松了，这十几天让我在心理上、状态上彻底摆脱了这一点。"张泉灵通过十几天的融入和锻炼，培养了自己对直播工作良好的应变力，也为其日后在多个重大直播中的良好表现奠定了基础。

与之相反，有的播音员主持人在长期从事相同的播音主持工作后，对熟悉的环境，如话筒、摄影棚、摄像头都习以为常，没有了新奇感和新鲜感，忽略了录制前的适应准备工作，结果导致工作状态不佳。著名播音员赵忠祥对此提出了自己的看法："电视播音员最致命的弱点就是丧失了在镜头前的新鲜感，缺乏新鲜感就丧失了激情，丧失了激情，就会使观众看到一个对工作与生活没有兴趣的形象。"❶陈鲁豫在主持《鲁豫有约》时，为了保持她在访谈过程中的新鲜感，在节目录制前只通过阅览资料去了解嘉宾，而尽量不与嘉宾碰面。因此，对播音员主持人来说，要为了调整到最佳状态而去适应，而不是将准备适应工作视为麻木不仁。

3．感觉的相互作用

感觉不是相互分离、孤立存在的，而是彼此之间相互作用、相互影响的。感觉的相互作用可分为两种：一种是不同感觉之间的相互作用；另一种是同一

---

❶ 赵忠祥. 岁月随想［M］. 上海：上海人民出版社，1997：56.

感觉之内的相互作用。

不同感觉之间的相互作用主要发生在不同感受器官同时受到刺激的时候。通常我们说，一种分析器的微弱刺激，能提高其他分析器的感受性；一种分析器的强烈刺激，能降低其他分析器的感受性。对于人的感受器官来说也是一样的，比如，对颜色的视觉效果感受性能够在很弱的响声刺激下获得提升，听觉感受性在强光照耀的刺激下能变弱。口腔医生把音乐与噪声以特殊方式进行融合给正在做牙科手术的患者听，对缓解大部分患者的感觉神经有非常好的实际效果。播音员主持人在日常工作中往往会接收到视觉、听觉等不同感觉的刺激，如演播室的灯光变化、导播的提示、提词器上的字词、背景音乐等，这就需要主持人对不同刺激进行灵活把握，尽可能排除干扰性刺激的影响。

同一感觉之内的相互作用可由刺激作用的先后顺序不一样而造成，如前面说的视觉适应现象；也可由感受器官的各部分受到不同刺激而引起，如感觉的对比、融合等现象。❶感觉的对比可分为同时对比和继时对比两类。同时对比是刺激物同时作用时产生的对比现象，如同一深灰色正方形放到白色背景上看起来显得比较暗，放到炭黑色的背景上则看起来显得比较亮；继时对比是刺激物先后作用时产生的对比现象，如吃过糖之后再吃蜜橘，会感觉蜜橘特别酸，假如先吃黄瓜再吃蜜橘，便会觉得蜜橘特别甜。

（二）知觉的规律

1. 知觉选择性

当我们受到多个刺激时，感觉器官并不是对所有刺激都进行反应，而是对其中的某些刺激优先进行反应，这便是所谓的知觉选择性。知觉的选择性是指

---

❶ 全国十二所重点师范大学．心理学基础［M］．北京：教育科学出版社，2002：91.

人根据当前的需要，对客观刺激物有选择地作为知觉对象进行加工的过程。❶
被清楚地知觉的刺激物叫对象，而同时作用于感觉器官未被清楚地知觉到的刺
激物叫背景。知觉的对象和背景是相对而言的，两者在一定的条件下可以互相
转换，这样可以保证有意义、有价值的刺激及事物能成为知觉对象。

图 2-1 是知觉对象和背景之间互相转换的知名案例——双关图形。当我们
把图中的黑色部分作为知觉背景，把白色部分作为知觉对象时，我们看到的是

图 2-1 双关图形

一个白色花瓶；反之，当把黑色部分作为知觉对象，白
色部分作为知觉背景时，我们看到的则是两个眉眼相对
的人脸。具体到播音员主持人工作情境，我们可以得
知，在节目录制现场，当主持人注意嘉宾的言谈举止
时，他的一举一动就成为主持人的知觉对象，此时现场
观众、舞台设施等周边环境便成为主持人的知觉背景；
当主持人与观众互动、关注观众反应时，他们的语言、
表情、动作便被主持人清晰地知觉，而此时身边的嘉宾表现则相应地变为此场
景下主持人的知觉背景。

人的知觉选择性往往会受到许多主客观因素的影响。从主观角度来说，知
觉选择性依据知觉者兴趣、爱好、需求、任务、知识经验以及刺激物对主体意
义的重要与否等主观因素的不同而有不同的结果；从客观角度上看，具有强烈
感官上的色彩对比、具有较强活动目的性的对比刺激突出于背景前，通常会被
知觉者认定选择为知觉对象。

2. 知觉整体性

客观事物具有不同部分、不同属性，但是我们往往会忽略其局部特征和属
性，从综合属性整体去把握和认知，这便是所谓的知觉整体性。知觉的整体性

---

❶ 叶奕乾，何存道，梁宁建. 普通心理学 [M]. 上海：华东师范大学出版社，2004：118.

是指人根据自己的知识经验把直接作用于感官的客观事物的多种属性整合为统一整体的过程。[1] 例如，图 2-2 中的图形会被知觉为一个正方形覆盖在四个圆形上面，而不会被看成四个孤立的扇形。另外，我们对个别成分（或部分）知觉的把握与认知，通常从事物整体性角度出发，部分依赖于整体属性。图 2-3 便极好地阐明了部分对整体的依赖关系。同样一个符号，当它处在数字序列中时，我们把它看成数字"13"；当它处在字母顺序中时，我们就把它看成"B"了。知觉的整体性是知觉的积极性和主动性的一个重要方面。它不仅依赖于刺激物的结构，而且依赖于个体的知识经验。

图 2-2　"无中生有"的正方形　　　　　图 2-3　中间是什么

播音员主持人在播报新闻或主持节目时需要特别注意对知觉整体性的把握，对事件和环节提前进行了解，既要从宏观上把握事件概况，又要从微观上熟知事件元素，只有这样才不会出现对事件以偏概全的定论，甚至是重大政治导向问题。2007 年，白岩松作为《新闻周刊》主持人前往日本采访，回国后制作了《岩松看日本》特别节目，引起了很大反响。为了对日本有较为全面和整体性的理解，白岩松从到达日本的第一天开始就给自己制订了一个计划，每天看日本五份最重要的报纸，包括《读卖新闻》《朝日新闻》《产经新闻》《每日新闻》和《日本经济新闻》。而《岩松看日本》作为电视节目呈现在观众面前的却是一个个生动而有说服力的细节，如日本的垃圾分类、日本烟民随身携

---

❶　叶奕乾，何存道，梁宁建．普通心理学［M］．上海：华东师范大学出版社，2004：116.

带便携式烟灰缸、日本银行为顾客提供的老花镜等。

3．知觉理解性

在人类知觉的整个过程中，不是仅仅被动地把知觉对象的特征简单记录下来，而是试图根据现有的专业知识和工作经验来表达当前的直观目标，并使用某些特定语言对其进行描述，使它具有一定的意义，这就是知觉理解性。知觉的这个特征可以用隐匿图形来解释（见图2-4），当我们第一次看到这张图时，直观给我们带来的感受是：一些散落的黑白斑点。尽管这样，我们还是不愿相信这些只是一些散落斑点的随意组合，而尝试各种组合以期从这些散落的斑斑点点中找到联系并努力为其做出合理解释，并在反复的假设之上不断地验证，最后得出一个强有力的解释：画面中是一条生活在北极地区的狗。

图 2-4　隐匿图形

经验在对知觉对象理解的过程中是最重要的。如一首歌，如果是人们耳熟能详的，只要听一个片段就知道是哪首歌，并唱出后面的歌曲旋律。此外，言语指导也是影响知觉理解性的重要因素之一。在较为复杂、对象的外部标志不是很明显的情况下，言语指导能唤起人们的过去经验，补充知觉的内容，有助于对知觉对象的理解。如图2-4所示，初看时只觉得是黑白斑点组成的，很难理解到是什么，但如果这时有人告诉你"这是一只正在行进的狗"时，这种言语的指导会唤起你过去的经验，对当前知觉的内容进行补充，你将会立刻看出图中的狗。知觉理解性在播音主持工作中也有充分的体现，如丰富的经验可以帮助播音员主持人对稿件有较为深刻和完整的理解，播音员主持人在采访过程中也可以运用恰当的言语指导帮助采访对象理解问题核心等。

4．知觉恒常性

在知觉过程中，当知觉的客观条件（距离、角度、照明等）在一定范围内发生变化时，知觉映像却保持相对稳定的特性，这就是知觉恒常性。一般情况下，人们对物体的形状、大小、颜色、亮度的知觉均表现出恒常性。例如，对一个熟悉的身材高大的人，我们不会因为他站得离我们远而把他知觉为一个矮子。人的知识经验是保持知觉恒常性的重要条件。同时，知觉的恒常性在一定程度上依赖于参照物，离开参照物，恒常性就会减少甚至消失。

三、播音员主持人对感知觉规律的运用

由于播音员主持人工作的特殊性和复杂性，在日常工作中往往会在短时间内接收到来自各个方面的感知觉刺激，而且这些刺激往往具有同时性、不定时性、突发性、强烈性等特征。这就需要播音员主持人对感知觉规律有充分的认识和良好的运用，才能在多种刺激下保持对环境和自身的正确认知，进而做出合理的判断与反应。接下来，我们分别讨论播音员主持人对感觉和知觉规律的运用。

首先，播音员主持人应充分重视感觉的重要性。感觉是我们认识世界的一种最原始的方式，却也是最直观、有效的方式。播音员主持人无论是身处演播室、直播间还是走上街头巷尾，无论是采访明星政要还是普通百姓，无论是播报政治新闻还是主持娱乐节目，都会在进入工作状态的第一时间运用感官器官对周围的环境、采访的对象有一个直观的感受，而这种感受对后续的工作有着重要的影响。

还需要特别注意的是，与主持工作不同，播音中的感受不同于一般情境下的感知觉，它是由语言符号引起的视觉、听觉、味觉、嗅觉、触觉、空间知

觉、时间知觉、运动知觉等，并不是实物刺激引起的。❶ 从这个层面上说，播音中的感受给人带来的并不是太多的真实感，相比来说，更像是一种幻觉。但这种感觉也不是凭空产生的，它是在一定稿件文字符号基础之上的整合，从而引起的诸种感知觉上的内心体验，在充分调动并激发了全部的外在感受和内心感受之上所达到的"感之于外，受之于心"的超然之态。作为创作主体，播音员的感受往往来自话题、节目内容、文稿等"表层感触"。播音员的感受起点也正是从对文字语言语词形象的把握感知中而来，我们称其为播音中的形象感受。这种形象感受是具体的，因此，它要求播音员对文字、稿件等描述的事物要用感官清晰地"感触"到，进行初步能动的体验。"形象感受一般已经脱离了个别感知的孤立性，进入了综合感知的领域，这一点在播音中极为重要。实际上，这时，播音员已经开始了形象思维的积极活跃的运动过程。"❷ 在播音感受的初级阶段，播音员不仅要从词语所描绘的客观世界形象去把握和感触，同时也要注意把握语言的序列，从文字行文的内在逻辑出发去感触和感知，这就是播音中的逻辑感受。从语言序列中获得的并列感、对比感、递进感、转折感、主次感、因果感等多种感受都属于逻辑感受的范畴。播音创作主体在整合加工稿件、话题和节目确立的形象感受与逻辑感受后，用标准的语言、措辞播出的稿件文字才能变成一个有机整体。著名播音艺术家陈醇善于播讲巴金老先生的作品，每每听完他的播讲，巴金都感慨地对陈醇说："我写出来的，你都播出来了；我没写出来的，你也播出来了。"这句话意味深长，很值得播音员主持人细细咀嚼和深思。

其次，播音员主持人应能动地运用知觉规律，尤其是知觉的选择性和整体性。播音员主持人是运用有声语言向接收者发布、传达、介绍节目内容的传

❶ 祁芃. 播音主持心理学［M］. 北京：北京广播学院出版社，1999：29.
❷ 张颂. 播音创作基础［M］. 北京：北京广播学院出版社，1985：39.

播者，进行播音工作时，播音员主持人不仅要对作者的思想意图准确地理解体会，做到言之有物，还要对受众的心理、要求、愿望、情绪进行综合考量，并依据现场状况随时调动自己的思想感情。不管是有稿还是无稿，播音创作都要以由己达人为目的，杜绝对空发音，杜绝自言自语，更不能陷入自我欣赏的狭隘境地。面对独白性口语时，创作主体需要在脑海中不断地演练出感觉对象的存在和反应，而不能一味地营造出简单传播的局面，只有这样才能从感知上说服受众，才能被受众所真正接纳；面对对话性口语时，无论是两个人还是多人的谈话交流，抑或是互动交流，播音员主持人都必须为谈话对象和互动受众营造一个良好的"对话场"的氛围，做到有问有答，相互支持，彼此会意，而不是置别人于不顾，只说自己的话，这样会破坏谈话语境的整体性，得不到预想的传播效果。

毫无疑问，知觉的选择性会受到客观因素的影响，但播音员主持人的兴趣、爱好、价值观等因素的影响也十分明显。

江苏卫视"名嘴"孟非在电视栏目《非诚勿扰》中的出色表现可以说是主持人良好运用知觉整体性的最好示例。在《非诚勿扰》的舞台上，孟非作为节目的核心人物，需要同时接收来自男女嘉宾、访谈嘉宾、现场观众、导播等多个主体的信息，并对上述各个主体的关系进行协调，其注意力也需要分配给现场的各个区域。而有着丰富新闻节目主持经验和高超现场把控引导能力的孟非，总是能从整体上对节目的价值观和定位有合理清楚的认识，并且将这些判断落实到节目流程引导、采访时间控制、话语走向等具体环节，从而实现对节目的合理把控。

第二节　注意是播音员主持人接受信息的窗口

一、注意的定义

心理活动对一定对象的指向和集中就是注意。注意的两个基本特征是指向性和集中性。

注意的指向性是指心理活动有选择地反映一定的对象，而离开其余的对象。注意的集中性则是指心理活动停留在被选择的对象上的强度或紧张度，它使心理活动离开一切无关的事物，多余的活动被抑制，以保证注意的对象得到清晰、深刻、完整的反映。注意的两个基本特征说明注意有方向和强度的特征。

注意紧密联系着其他心理过程，具有其他心理过程的共同特征，不是一种独立的心理过程。在我们被提示注意某个对象时，其实是同时在注意听、注意看、注意想等，也就是说，注意是伴随着听、看、想等心理过程一同发生的，而不是单独存在的。当然，发生一切心理活动的过程也离不开注意。"心不在焉，则黑白在前而目不见，雷鼓在侧而耳不闻"，我国古代思想家荀子的著名言论一语中的。由此我们可以发现，注意是内心接受外界信息的窗户，没有它，我们就无法感受到外界的变化。

二、注意的种类和规律

在心理学发展史上，心理学家在不同阶段对注意的划分有不同的界定。美国著名心理学家威廉·詹姆斯（William James）曾经把注意划分为随意注意和不随意注意两类，后来，苏联心理学家尼古拉·费多维奇·多勃雷宁（Nikolai Fedorovich Dobrynin）对威廉·詹姆斯的划分做了补充，提出除了随意注意和不随意注意外，还有随意后注意。目前，在心理学界，学者一致认为根据注意产生和保持时是否有预定目的以及意志努力的不同程度，可以把注意分为无意注意（不随意注意）、有意注意（随意注意）和有意后注意（随意后注意）三种类型。

（一）无意注意

1. 什么是无意注意

无意注意也称为不随意注意，是指事先没有既定目的、不需要做意志努力的注意。例如，我们正在教室里写作业，突然有人推门而入，我们会不自觉地向门口看去，没有既定目的，也不需要意志努力，随意地就转头了，这种注意就是无意注意。无意注意的产生和维持取决于客观刺激物本身的性质和强度，不需要意志努力，是人们下意识地对强烈的、新颖的和感兴趣的事物所表现出来的不受意识控制的心理活动的指向和集中。

2. 影响无意注意的因素

影响无意注意的因素大致有两个方面：一是刺激物的自身特点；二是人的自身状态。

（1）刺激物的自身特点。

①刺激物的强度。刺激物的强度是引发无意注意的重要因素，一般来说，强度越大的刺激物更容易引起我们的无意注意。如一束强光、一声巨响、一股强风，都会突然引起我们的无意注意。值得注意的是，引起我们无意注意的不是刺激物的绝对强度，而是刺激物的相对强度。如在空旷的野外，很小的声响就可能引起注意，而在人员密集、人声鼎沸的闹市中呼喊，即便是声嘶力竭也未必会引起他人的注意。

②刺激物的新异性。新异性是指刺激物异乎寻常的特性，由于人的好奇心理，新鲜奇特的事物容易成为人们注意的对象。如新奇的发型、服饰，奇怪的声音、气味，新露面的主持人等，都容易引起人们的注意。此外，注意的多少也依赖人们对新异刺激物的理解程度。如果人们对当前一种新奇事物毫不知晓，虽然可能引起短暂注意，但很快就会失去兴趣，对人们产生不了长久的吸引力；如果人们一知半解地了解当前的新奇事物，为了满足好奇心，求得更多的理解，往往会产生进一步强烈关注的欲望。

③刺激物的运动变化。相比静止不变的刺激来说，运动变化的刺激更容易引起人的无意注意。如会场的灯光突然关闭，立刻会引起参会人员的注意；夜晚闪烁的霓虹灯、穿梭的汽车、跳动的舞者，特别容易引起人的注意。

④刺激物之间的对比关系。影响人们无意注意的还有不同刺激物之间形状、大小、强度、持续时间等存在的差异。"鹤立鸡群""万绿丛中一点红"等说明与周围环境对比强烈的刺激物往往更容易引起人们的优先注意。

（2）人的自身状态。

①人的需要和兴趣。引起无意注意的事物与能否满足人的需要、能否引起人的兴趣息息相关，只有让人有期待感的事物才能成为无意注意的对象。例如，有某种需要的人容易注意相关的广告。值得注意的是，直接兴趣是引起无意注意的重要原因。如新闻工作者容易注意时事新闻，粉丝团密切关注明星的一举一动等。

②人的情绪和精神状态。无意注意在一定程度上取决于人当时的心境。人在心情愉悦、精神饱满的时候，容易关心留意周围的事物；相反，在情绪烦闷、抑郁寡欢的时候，不会注意周围事物，对平时容易引起注意的事物，此时也会漠然视之。疲乏困倦状态也会影响人的无意注意。

（二）有意注意

1. 什么是有意注意

有意注意也称随意注意，是指有预定目的，需要做出意志努力的注意。例如，在综艺节目录播之前，节目主持人必须摆脱环境因素的影响，形成对稿件的有意注意，并做好稿件背诵的准备工作。此时人的心理活动对特定对象的指向与集中是按照既定的目标任务进行的，而不是由对象本身的特点决定的。由于预定目的的存在，产生了排除外界干扰而使注意得以维持的意志努力。这种注意体现了心理活动主动、积极的形式，因而又称为积极注意。人们完成任务、达到目标离不开有意注意的形成，然而，由于这种注意的产生需要付出意志努力，活动主体容易疲倦，且较容易受意外刺激的干扰。

2. 影响有意注意的因素

影响有意注意引起和保持的因素主要有以下几点。

（1）理解活动目的任务的程度。预定目的是形成有意注意的必要条件，有意注意的产生是对活动目的的主动服从，人们对于活动的目的任务及意义理解得越清楚、越深刻，完成任务的愿望越强烈，与完成任务有关的一切事物就越能引起和保持有意注意。

（2）组织活动的合理性。是否能够合理地组织活动会对有意注意的产生和维持带来影响。心理学研究表明，在活动目的和任务明确的前提下，形式多样的活动比形式单一的活动更有利于大脑兴奋度的提升，有助于集中有意注意。

（3）间接兴趣的培养。如果说无意注意主要依靠人的直接兴趣，那么有意注意则依赖于人的间接兴趣。间接兴趣是指对活动目的、最后结果的兴趣。也许活动对人没有直接吸引力，但是会为了这种兴趣而产生有意注意，即使是活动枯燥乏味，但间接兴趣能使人保持有意注意，坚持完成任务、达到目的。

（4）用坚强的意志与干扰做斗争。有意注意会受到外界刺激物和机体自身状态的双重干扰，这就要求人们有良好的意志品质来维持有意注意，用坚强的意志与干扰做斗争。一个具有顽强、坚毅性格特点的人，易于使自己的注意服从于当前的目的与任务；而缺乏良好的意志品质、害怕困难的人，不可能有良好的有意注意。

（三）有意后注意

有意后注意又称随意后注意，是指有预定目的但不需意志努力的注意。作为一种特殊形式的注意，它既类似于有意注意，又类似于无意注意，兼具两者优点，既能自觉地预定目标和任务，又不需要人的意志努力。

作为有意注意升华后的更高级注意——有意后注意，在有意注意发生时，自觉的目的和任务是人的心理活动对一定客体的指向与集中的根据，主体需要做出一定的意志努力才能维持有意注意，同时间接兴趣制约着这种注意。但随着活动的不断深化，人们在对活动目的感兴趣的同时对活动本身也产生了兴趣，这时就不再需要特别的意志努力去维持注意了。如有些财经节目的播音员主持人，因为工作原因长期关注财经领域的新闻与知识，久而久之便成了财经领域的"专家"，在日常生活中自然而然也会比其他人更加关注财经动态，有些播音员主持人还专门利用微信公众号、微博等自媒体主动发布自己在财经领域的见解。有意后注意虽然保持了有意注意预定目的的本质特点，但它不再需要意志努力，因而疲劳就不会产生了。有意后注意具有高度稳定性，是人类从事创造性活动的必要条件，一切伟人的成就都是在对自己事业进行高度专注、废寝忘食地钻研后才收获的。

三、播音员主持人注意品质的改善

从事播音主持活动需要拥有良好的注意品质，这就要求播音员主持人具有宽泛的注意广度、持久的注意稳定性、均衡的注意分配和即时的注意转移的能力，也只有不断完善这样的素质品质才可以保证播音主持活动顺利有效地进行。注意品质的不断改善，需要对以上方面进行一系列有针对性的训练。

首先是注意广度的拓宽。播音员主持人注意范围的广度与个体的知识经验和知觉对象的特点紧密相关。然而，知觉对象特点是不固定的，有时甚至是无法预估的，在主持节目时，可能涉及世界各地的风土人情、宗教信仰、名人逸事等，这就要求播音员主持人平时应注意博览群书，增加知识储备。只有对稿件话题、内容了如指掌，才有可能做到"一目十行"，口若悬河，取得良好的录制及播出效果。除此之外，对新闻主播来讲，由于新闻来稿时间紧、突发性强的特点，几乎不可能有充分阅读、熟悉稿子的时间，这对新闻播音员的注意范围提出了更高的要求。针对这种突发状况强的播音情境，可以在每次播音训练中有意插入一两条临时稿件，增加新闻语势，掌握播报技巧，提高应对能力。

江苏卫视《非诚勿扰》的节目主持人孟非就是一位博学多才、注意广度非常宽的优秀主持人。熟悉孟非的观众都知道，他是一个文学功底非常扎实的人，每天都利用大量业余时间去阅读和写作，而丰富的知识储备也让孟非在主持工作中能够游刃有余。如《非诚勿扰》节目中一位自称作家的男嘉宾说："鲁迅说过，走自己的路，让别人说吧。"孟非接道："这句话好像是一个叫但丁的人说的，鲁迅只说过，世上本无路……"当一位美国男嘉宾背毛泽东的诗词"忘词"时，孟非则能及时给予提示……在《非常了得》节目中，孟非多次表现出其深厚的文学功底，从《岳阳楼记》到《师说》，可以说是倒背如流，这也加深了观众对孟非的敬佩和喜爱。此外，爱好四处游历的孟非更是精通各种地理知识，在他的自传《随遇而安》中，就记录了他游历喀纳斯、帕米尔高原、塔吉克等地的见闻。而正是基于这种注意的宽度和广度，使得孟非在节目主持中始终有非常稳定的发挥。

其次是注意稳定性的提高。对注意的稳定性来说，首要的是克服分心。要对有可能引起分心的干扰性刺激做到尽量消除或避免；加强修身养性，努力养成善于抵制分心刺激的习惯，如跳出独自一人的安静环境，平时增加在复杂环境中播读稿件的练习；加强随时调动自己状态的能力，把注意集中在指定事物上；勤于体育锻炼，增强体质，保持身体健康，尽可能避免病理性刺激的干扰；学会自我鼓励和心理暗示，努力提高对工作的自觉性和自信心。

再次是注意分配的均衡。广义上，播音员主持人作为广播电视直接面对广大受众的"形象代言人"，势必会成为社会关注的焦点，既要主持节目又要参与公众活动，经常面临同时做几件事情的局面，因此必须分配好自己的注意。狭义上，播音员主持人在节目录制过程中经常会遇到说错词、被打断的情况。如录播节目，主持人在录制中断再接时，注意的分配就显得尤为突出。这时要自己掌握现场局面，耳朵要听导播口令，心中还要默念重复已录上的最后一句话，以便衔接处声音和谐、自然、不留接头的痕迹，与此同时，注意力又要很快由中断处迅速转入下面的内容中去，真是要做到一心多用。如果技术能力不娴熟，就很难应付上述情况，所谓熟能生巧，加强平时的练习非常重要。要尽可能快地熟悉播音主持业务，注意积累经验，多向优秀的同行学习，如白岩松主持解说广州亚运会开幕式时可谓眼观六路，耳听八方，可以多观摩这样的节目，从中汲取他人的优点。

在注意分配均衡方面，有些反面的案例和教训值得我们吸取。2008年4月17日，中央电视台主持人李文静在主持《朝闻天下》时，竟面对镜头大打哈欠，引发网友热议。尽管李文静在发现到问题后迅速端正坐姿、调整状态，但是这种失误对于专业主持人来说实属不当。4月19日，中央电视台国际网站刊登了一份致歉信，李文静就在节目中打哈欠一事向广大群众致歉。她在信中写道："4月17日，在中央电视台《朝闻天下》节目进行当中，作为主持人，我把直播时间误认为是广告时间，同时，没有听清导播的口令，出现了疏忽懈息，在节目直播中间打起了哈欠。节目播出后，我非常难过，并深深地自责。作为中央电视台节目主持人，出现这样的失误实属不该。在此，我向广大观众诚恳道歉！"除此之外，她还表示："今后，我会加倍努力地工作，在屏幕上保持良好的状态，回报广大观众的厚爱。"即使是李文静这种专业素质极强的主持人也会由于注意的一时偏移而导致重大失误，这就要求播音员主持人在节目录制尤其是直播过程中，必须保持注意力的高度集中，同时还要将注意力协调分配给导播、文稿、屏幕、连线记者等，主持人的"日善其身"非常重要。

最后是注意转移的能力。注意转移能力的改善和提高可以通过对外在因素的控制和后天训练得以实现。一方面，在短时间内对新刺激物迅速产生反应是播音员主持人不可或缺的能力；另一方面，要养成良好的职业素养，只要进了摄影棚，在话筒前落座，眼里、心中就只有受众，把和受众的交流作为注意的中心，将先前不管是和同事聊天抑或是如何改进播音技巧的想法统统抛在脑后，让自己在最短时间内进入"镜前状态"。

2008 年 5 月 12 日，中央电视台前主持人张泉灵在刚报道完奥运火炬珠峰站传递完毕后就收到了汶川发生 8.0 级地震的消息。尽管从高原下撤后的第一原则是休息，而且张泉灵还有不满两岁的儿子在家，但是"职业的天性"让张泉灵不顾一切决定前往地震现场。5 月 13 日，张泉灵乘坐震后拉萨飞往成都的第一班飞机前往灾区。在到达四川的当天下午，报道组立即动身前往受灾最严重的北川。尽管赶赴灾区之前做了心理准备，但"灾难还是击碎了她的想象"，而且报道环境非常艰苦，交通断了，通信断了，余震不断。良好的职业素养使得张泉灵及时将注意力转移到地震报道中来，她不断"强迫自己冷静下来"，并且在雨中发回了在灾区的第一条报道。之后，张泉灵在镜头面前数次冷静而充满人性的报道，受到了观众的一致好评。张泉灵在抗震救灾英模报告会上说，"其实我也哭过，面对那样的灾情，面对受灾的乡亲，面对满目的英雄，泪水有时是控制不了的"，但是"灾区不需要眼泪"，灾区"需要我们去尽记者的天职"，于是张泉灵努力进行心理调适，将注意力转移到报道中来，"在镜头面前努力保持着坚强和理性"，不停地把灾区的最新消息传递出去，显示了一个职业播音员主持人的优秀品质。❶

第三节　记忆是播音员主持人存储信息的途径

一、记忆的定义

记忆是过去的个体经验在人脑中的保持和再现。在生活实践当中，只要是人们感知过的事物、思考过的问题、体验过的情绪和情感以及从事过的动作和活动等，都会以影像的形式在头脑里留下不同程度的印象，这些印象随着时间的流逝有的逐渐消失，有的保留下来，在一定条件的影响下，那些被大脑保留下来的印象会重新得到恢复。在人脑中对过去经验保留和重现的这个过程就是记忆。

记忆是一种基本的心理过程，与其他心理活动密切相关，对人的学习、工作和生活的意义重大。如果没有记忆，人对客观事物的感知将无法保留下来，就不能实现知识和经验的积累，个体心理发展也将终止。记忆联结着人的过去、现在和未来，俄国生理学家伊万·米哈洛维奇·谢切诺夫（Sechenov Ivan Mikhaillovich）曾说过："离开了记忆，任何现实的动作都是不可思议的，因为任何心理活动，即使是最简单的心理活动都必须以保留它的每一个当前的要素为前提，从而把它与随后的要素联结起来。没有这种联结的能力，发展是不可

---

❶ 央视网．张泉灵抗震救灾英模报告会报告全文——汶川·向世界报道［EB/OL］．（2008-06-11）［2020-04-27］.http://space.tv.cctv.com/act/article.jsp?articleId=ARTI1213171153350449.

能的，人便会永远处于新生儿的状况，什么也学不会，什么也掌握不了。"人们通过记忆丰富自己的知识积累，实现心理的发展，不断形成独具魅力的人格个性。

由于播音员主持人职业工作的特殊性，日常工作要和大量的稿件、信息、人物打交道，因此，尽管现在的播音员主持人多使用提词器、台本、录音笔等记忆辅助工具，但是良好的记忆力有助于播音员主持人对事物有更为直接和清晰的认识与判断，也是播音员主持人在镜头前流畅发挥的前提。因此说，优秀的记忆力是播音员主持人职业道路上不可或缺的素质之一。

二、记忆的分类和基本过程

（一）记忆的分类

记忆拥有丰富的信息源，但不是所有的信息都最终成为记忆。根据提供给记忆内容的不同和记忆时间的长短，我们可以把记忆从内容和时间两个维度进行分类。

1. 记忆的内容分类

根据不同的记忆内容，可把记忆分为形象记忆、语词逻辑记忆、情景记忆和动作记忆四种类型。

（1）形象记忆。形象记忆是以感知过的事物形象为主要内容的记忆。这种记忆存储的往往是事物的具体形象，鲜明直观地保留下来。形象记忆又可分为视觉形象记忆、听觉形象记忆、触觉形象记忆等，一般人以视觉和听觉形象记忆为主。我们通过视听形象记忆对所感知过的人的音容笑貌、仪表姿态等具体形象特征进行保持，具有鲜明的直观性。对于缺乏视听形象记忆的人来说，也可以依靠嗅觉、味觉、触觉形象记忆来弥补。

（2）语词逻辑记忆。语词逻辑记忆又叫语义记忆，是以有组织、有逻辑的知识为内容的记忆。这种记忆是人类特有的记忆，它的内容具有概括性、理解性和逻辑性的特点，比如，语词、概念、公式和规律等。语词逻辑记忆的特点决定了它的内容不易受到时间和空间等外部因素的制约，因此具有较好的稳定性。语词记忆与人的抽象思维紧密相连，从简单的识字、计数到掌握复杂的现代科学知识，都离不开语词记忆，此外，它随着人的抽象思维的发展而发展。

（3）情景记忆。情景记忆是指人们以亲身体验过的、发生在一定时间地点的事件和情景为内容的记忆。它接受和存储的信息与个人生活经历相关，是个人真实生活的写照。例如，想起自己曾经参加过的一个聚会，会沉浸在幸福的回忆中，彼时愉快的心情、昔日老友的面容历历在目。情景记忆是特定经历的回忆，受到一定时空的限制，因此具有不稳定性。

（4）运动记忆。运动记忆是人们以自身经历过的运动状态或动作形象为内容的记忆。运动记忆的动作表象以人对自身动作的知觉以及对他人动作的模仿为素材。例如，弹琴、打球、驾驶等技能的记忆。获取动作记忆需要一定的学习、训练，但是吸收、掌握后这种记忆的信息比较容易保持和提取。

2. 记忆的时间分类

根据信息存储在人脑中时间的长短，记忆可分为感觉记忆、短时记忆和长时记忆三种类型。

（1）感觉记忆。感觉记忆是指在客观刺激停止以后，感觉信息在头脑中仍保存下来的瞬间映像，又称瞬时记忆。从整个记忆过程开始保持时间不到2秒钟。感觉记忆具有保存信息形象生动、信息量大但时间很短的特点。电影就是利用了人的感觉记忆，将一帧一帧的静止画面看成运动画面。将感觉记忆加以注意后就可向短时记忆转变。

（2）短时记忆。短时记忆处在感觉记忆和长时记忆之间，它的信息保持时间一般在两分钟之内。如短信接收验证密码后，你就可以通过短时记忆去输入验证密码，但是输完后很快就会忘记这个密码。短时记忆直接记忆的信息容量有限，大约为"7+2 个单位"或"组块"（一组物体、字母或符号等），短时记忆的绝对容量因组块容量的不同而不同。信息进入短时记忆后如果能够得到相应的加工、改造，就可以形成长时记忆。

（3）长时记忆。长时记忆是指把信息经过充分加工后在人脑中可以存储超过一分钟甚至可以终身存储的记忆。长时记忆的信息来源主要有两种，一种是对短时记忆内容的加工，另一种是一次性获得的印象深刻的感知。例如，激动人心、印象深刻的时刻、事件可直接印入长时记忆系统被储存起来。相比感觉记忆和短时记忆中信息的限量存储和稍纵即逝，长时记忆对记忆信息可长久保持且容量无限，是一个无比巨大的信息资源库。另外，长时记忆中的信息不会过多的受到外界干扰的影响，具有极高的稳定性。

（二）记忆的基本过程

作为一个复杂的心理过程，记忆可分为三个基本环节：识记、保持与遗忘、再认或回忆。伴随着科学技术的快速发展，心理学家开始试图采用与之相关的元素来解释记忆发展的全过程，信息加工的观点也由此而出。从信息加工的角度出发，他们认为，记忆的过程就是对输入人脑的信息进行编码、存储和提取的过程。其中信息的输入和编码相当于识记，存储相当于保持，提取相当于再认或回忆。

1. 识记

识记作为记忆过程的开端，在记忆的整个过程中起着重要的作用，是获得知识和经验的积累来源。

识记按照不同的标准可以划分为不同的类型。按照目的性和意志努力程度，可以划分为无意识记和有意识记。在识记前是否有明确的预定目的是划分两者的区别标准，无意识记的内容往往是人们在生活中不经意间记住的，而有意识记的内容往往都是事先做好充分的准备，具有明确的目的性，并为之付出一定意志努力后才记住的东西。按识记材料意义程度或学习者对其意义理解程度，可以划分为机械识记和意义识记。所谓机械识记，顾名思义，就是人们常说的死记硬背，在不求甚解的情况下，根据事物外在特征或外在联系进行机械化的不断重复式记忆；而意识记忆则是恰恰相反，在充分理解事物的基础之上，依据事物内在特点或内部联系找寻其规律进行理解性记忆。

识记的效果也因记忆者的理解能力不同及外界因素的不同而受到影响，主要的影响因素有识记目的、态度、方法、材料的数量和性质等。

2. 保持与遗忘

保持是记忆过程的第二个阶段，是为了巩固识记的内容，加强头脑中已经获得的知识和经验。人的知识经验按照一定的次序和层次识记在大脑中，但是这种记忆不是一成不变的，保持作为一个存储过程不是消极被动的，保持内容的数量和质量是不断变化的。一方面，随着时间的推移，保持的数量会越来越少；另一方面，变化的还有保持的质量，记忆内容中不甚重要的细节会逐渐消失。对保持的量和质加以分析，不难发现，保持的过程不是信息在头脑中被动地、简单地留下印记，而是人脑对识记材料进行主动、复杂加工的过程。为了防止遗忘，除了注意防止信息的遗漏外，还需要尽量防止歪曲注意信息。

遗忘是指不能将识记过的信息内容进行再认或回忆或者是在再认或回忆时出现错误。它是记忆过程中与保持相对立的另一面，遗忘可分为暂时性遗忘和永久性遗忘。两者最大的区别在于记忆信息内容是否能够在人脑中恢复，前者识记的内容已经转为长时记忆却一时不能被提取，但在合适的条件下还可以自然恢复；后者识记的内容在不经重新学习的情况下永远不能再行恢复。导致遗忘的原因很多，主要有记忆痕迹的衰退、被记忆中的其他信息的干扰所抑制、受到某种动机的压抑和信息检索线索困难。

3．再认或回忆

再认或回忆是发生在识记和保持之后，共同组成完整的记忆过程。再认是指当过去经历的事物再次出现在面前时，会感到熟悉并且能把它们辨认出来的过程；回忆是指当过去经历的事物不出现在面前，但是能在头脑中重现出来并且可以确认的过程。两者没有本质的区别，都是对过去积累的知识经验的恢复过程，相比来说，在相同情境下再认比回忆更加简单、容易。

三、播音员主持人的记忆规律与技巧

每个人都想有一个好脑袋，拥有超强的记忆力。对于从事媒体工作的播音员主持人来说，每天需要接触大量的信息、台本，因此更加迫切地希望自己的大脑能瞬间存储海量信息并有效释放出来。其实，记忆力与人的其他能力一样，可以通过有效的训练得以提升。记忆效率的提升需要正确地把握和利用记忆规律，学习和掌握科学的记忆方法。

（一）记忆的规律

在记忆过程中，保持的内容一般就是被记住的内容，与保持相对立的现象是遗忘，如果能够有效避免和克服遗忘，增加保持的内容，就能大大提高记忆效率。因此，我们可以对影响遗忘的因素加以分析，从而体会和把握记忆的规律。

时间和识记材料的属性往往是影响遗忘进程的重要因素，除此之外，学习的程度也是遗忘与否的制约因素。以下是对这些影响因素的分析。

（1）时间因素。世界上最早对人类记忆和遗忘现象通过实验进行研究的是德国著名的心理学家赫尔曼·艾宾浩斯（Hermann Ebbinghaus），在实验中，他利用首创的无意义音节字表作为实验材料和重学法统计处理方法研究了识记后保持量的变化规律，他将实验结果以曲线图的形式绘制出来，并得出遗忘进程不均衡的结论（见图 2-5）。结论表明，在识记后最初的短时间内遗忘的速度快、数量多，随后逐渐变慢，保持量逐渐的稳定下来。因此，播音员主持人要想避免遗忘，可以在记忆之后的短时间内不断重复记忆过程，之后每间隔一段时间再进行重复温习，这种重复可以加深大脑皮层的痕迹，既能及时修补、巩固记忆，还可加深对知识的理解，并能逐渐达到知识的条理化、系统化。

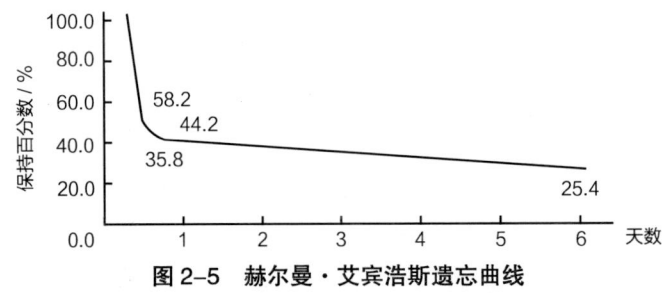

图 2-5　赫尔曼·艾宾浩斯遗忘曲线

（2）识记材料的性质与数量。遗忘的进程与识记材料的性质和意义有很大的关系，比如，越形象、动作性越强的识记材料越不易被遗忘；对人有意义的、感兴趣的材料比无意义的、不需要的材料遗忘得慢，保持得好；在学习程度相同的情况下，识记材料数量越大，遗忘的也越多。利用这一规律，播音员主持人在识记过程中可以利用很多形象材料帮助自己记忆，如新闻图片、采访对象录音、视频画面等；尽可能培养自己在各个领域的修养和爱好，始终保持对周围事物和最新事实的好奇心；有序整理和归纳记忆材料，避免材料杂乱无章，可以尝试制作简洁明了的信息索引帮助自己找到相关材料。

（3）学习的程度。在学习过程中正确反映识记材料所达到的程度就是学习程度。一般认为，对识记材料的学习程度越高越不容易遗忘，过度学习在 150% 时保持达到最佳效果。心理学实验表明，100% 的学习程度相对应的遗忘为 35.2%，150% 的学习程度对应的遗忘为 18.1%，超过 150% 的过度学习不仅对保持的效果不会产生过多的积极作用，反而会因兴趣衰退导致枯燥和疲劳。播音员主持人在工作中被大量信息"狂轰滥炸"，不免在台下做诸多功课。但是学习程度规律给播音员主持人这样的启示：学习切忌使用"填鸭式""疲劳轰炸"式的方式，而应采用技巧式的、劳逸结合式的方式应对学习，否则不仅"徒劳无功"，有时还会因为过度疲劳导致播音员主持人在镜头面前状态不佳。

（4）识记材料的序列位置。实验表明，识记材料的序列位置和人们遗忘的产生有着密切的联系，位于识记材料首尾的部分不容易被遗忘，而处在识记材料中间的部分被遗忘的可能性较大。在回忆序列材料时发生的这种现象叫系列位置效应。按照识记材料序列位置的不同，这种效应可以细分为首因效应和近因效应。首因效应是指位于识记材料最先呈现的部分较易回忆，遗忘较少；近因效应是指处在识记材料最后呈现的部分易于回忆，不易遗忘。许多心理学实验已经证实了系列位置效应。播音员主持人可以利用序列位置规律，将最重要的稿件或信息排在最前或最后进行记忆，保证对重大稿件有更加精确的记忆，尽可能避免因记忆误差导致的失误。

（二）播音主持的记忆技巧

播音员主持人在遵循记忆规律的前提下，准确记忆或背诵识记材料对其自身工作及节目制作有很大的促进作用。《快乐大本营》主持人何炅经常在舞台上显示出自己高超的记忆力，很多时候何炅都可以对着镜头"侃侃而谈"，不需要念台本。这也让他将更多的注意力放在观众、嘉宾以及导播身上，从而对节目和现场有着更强的把控能力。《中国好声音》节目热播时，主持人华少（原名胡乔华）的"中国好舌头"也在微博引起热议，46秒的广告词没有间断没有错漏，语速非常之快。有网友认为华少的这段广告词之所以说起来如此流畅，应该是照着提示牌念的。但是据《中国好声音》的工作人员介绍，"华少念的广告词都是提前背下来的，对着镜头，华少张嘴就来"。尽管华少这种主持方式有待商榷，但是其对主持词的记忆却是准确而有效的。要想达到这种效果，需要掌握一定的记忆技巧。从播音员主持人的实践经验出发，本书总结了以下五个记忆技巧。

技巧一：记忆要做到用心、专心。记忆时要排除内心杂念、忽略外界干扰，做到一心一意、专心致志，大脑皮层只有在这样的情境下才会在短时间内留下深刻的、不易遗忘的记忆痕迹。鲁豫早期在凤凰卫视主持新闻节目《凤凰早班车》时给观众留下了深刻的印象，她以新鲜的"说"新闻给观众展现了新闻播报的新形势，然而，这种风格是以她出色的记忆力为基点的。节目中的鲁豫淋漓尽致地发挥了自己强大的记忆能力，可是，人们看到的是电视屏幕上能滔滔不绝说新闻的鲁豫，却很少有人知道她在屏幕外对工作的用心与专注。为了能不断丰富节目内容，她每次在节目开播前都会用一个小时的时间阅读最新的报纸，在看报的时候，不管周边准备直播的环境多么嘈杂，她总能聚精会神地投入新闻事件中。正是由于这样用心地记忆，她总能知晓更多的新闻，说出更到位的评论。

技巧二：记忆要善于理解。播音员主持人是广播电视的声音，但是绝不应该是照本宣科的传声筒，对于播报的信息，他们不应仅仅局限于死记硬背或播诵朗读，而要把记忆的信息充分地理解，在理解的基础上加以识记。理解了材料的内涵，才更容易记住，也更容易把控。除了人名、地名、活动名称等固定信息必须死记外，对于大部分材料都应先理解了内在逻辑和精彩语句后再去记忆。如果遇到了篇幅较长、难以记忆的材料，应该先理解材料的大意、划分层次、提炼提纲，再重点记忆中心词汇、关键语句。

技巧三：记忆要敢于尝试。对信息识记的过程中，记住一部分后要不断做尝试回忆。将记住的部分大声背出来，再依据材料查找没能记住或记得不准的部分进行着重记忆，之后再记忆再尝试回忆，直到记住所有信息。在尝试回忆的过程中尽量出声复述而不要默默回忆，以便在高度集中的精神状态下加深对识记材料的印象，同时还可以练习语言表达能力和思维逻辑能力。

技巧四：记忆要展开联想。固定词语、既定概念除了明确的指代作用外，一般没有实际意义，这种材料的记忆往往枯燥且容易遗忘，而播音员主持人经常会碰到这样的材料，因此需要不断地重复以加强印象。可以对这些材料展开丰富的联想，与过去经验的相似部分进行联结，使其变得生动有趣。如数字、符号、地名等，可以联想材料的谐音，如圆周率 $\pi = 3.14159\cdots\cdots$ 我们可以用谐音编一个顺口溜"山顶一寺一壶酒"，这样就好记多了。

播音员主持人常用的记忆技巧除以上几种之外，还有如下一些具体的方法。

1. 快速诵读法

人们在接受和记忆外界信息时，接受感觉器官的不同会引起记忆保持率的不同。而有实验证明，在接受知识时，如果采用眼耳结合的"视听法"，三个小时后记忆率能保持85%，三天后仍可保持65%。由此推断，播音员主持人可以在记忆材料时大声诵读出来，一方面可以提高对材料记忆的准确性，另一方面又可以提升专业水准，可谓一举两得。

2. 提纲挈领法

在识记材料繁多的情况下，播音员主持人很难在很短时间内将所有内容一字不落地记忆下来，这时就可以运用到提纲挈领法。即播音员主持人先通览整个材料，然后从材料的主旨和结构入手，列出有逻辑联系的内容纲目，并将纲目用简明扼要的语言概括出来，重点记忆框架和纲目，之后再把纲目作为线索和支柱帮助记忆其他信息。

3. 机械重复法

在很多人来看，机械记忆即"死记硬背"，是一种应该被排斥和否定的记忆方法。然而，从人脑的生理学基础来说，机械记忆恰恰是一切"主动记忆"的基础。而且，据统计，所谓天赋较高的人，恰恰是那些机械记忆能力比较强的人。❶尤其是对于人物、地名、电话号码等缺乏内在联系的事物，除了根据材料的外部联系或表现形式采取机械重复的方法去记忆，很难有其他捷径。当然，在机械记忆中，可以借鉴对照法等速记方法提高记忆效果，或者运用谐音、押韵等方法缩小记忆对象的信息量，使得机械法未必机械。

4. 口诀法

口诀记忆方法的应用非常广泛，如许多民间的农谚、节气、珠算口诀、九九乘法表等，都是采用此法。所谓口诀法，是指把复杂的、庞大的识记内容压缩成易懂易记的词句，赋予其外在的音韵、节奏，使材料整齐对称、合辙押韵、朗朗上口，增加趣味性，从而容易掌握，达到提高记忆效率的目的。而生动有趣的口诀也可以让播音员主持人的话语方式更具亲和力。

需要注意的是，播音员主持人用脑强度非常强，日常生活中要经常补充有利于补脑健智、提高记忆力的食物。

第四节　思维是播音员主持人创造信息的工具

一、思维的定义

人不仅能够通过感知觉认识事物和现象的表层联系，还能通过思维过程来认识事物和现象的内在规律。与感知觉一样，思维也是人脑对客观现实的反映。不过，感知觉是对客观现实的直接反映，而思维是在感知的基础上对客观事物间接的、概括的反映，表现了客观事物的本质特征和事物间的内在联系。

相比其他心理过程，思维过程有以下两个特征。

---

❶ 耿建林. 全脑学习法（四）未必机械的"机械记忆法"［J］. 智力：提高版，2010（11）：16.

（一）概括性

所谓思维的概括性，是指人们可以运用思维从所感知的大量感性材料中概括出具有共同特征和规律的一类事物。概括性具有两个层面的意思：一是对同类事物的本质特征和共有规律进行概括，如人们把篮球、足球、排球、乒乓球等形状相近、大小不一的运动器材归类为"球"；二是对不同事物间的内在联系和规律进行概括，如在日常生活中人们经过长期观察天气变化与动物反应，概括出"燕子低飞要下雨""朝霞不出门，晚霞行千里"等规律。思维的概括性可以提高人们对事物的本质特征及其内在规律的认识，从而更好地适应和改造客观环境。此外，思维的概括性与个人认识水平有关，认识水平越高，概括能力就越强。

（二）间接性

思维的间接性是指人们利用已有的知识经验或借助一定的媒介，认识和理解那些不能直接感知甚至无法感知的事物。例如，人类无法直接感知不能再现的发展史，但是人类学家和历史学家凭借古化石及史实记载可以间接地推断人类发展过程；除了一些外科病症可以直接由医生观察确定外，大多数病患的病因需要根据病人的体温、血压、心电、脑电等各种检查材料来间接诊断。思维通过对客观事物"由此及彼、由表及里"的间接性认识，使人们认识了更多的超越感知觉范围的信息，从而能够推测事物过去的进程和未来的趋势。因此，思维可以运用在比感知觉认识更广阔、更深刻的领域。

二、思维的过程与类型

（一）思维的过程

思维的实现需要经过一系列比较复杂的操作。人们在头脑中，运用存储在长时记忆中的知识经验，对外界输入的信息进行分析、综合、比较、抽象和概括的过程，就是思维的过程。❶ 其中，分析与综合贯穿于整个思维活动，是思维的基本过程，比较以及抽象与概括都是在此基础上派生出来的。

1. 分析与综合

世间万物不论是简单的事物还是复杂的事物，都是由各不相同的部分、特性组成，具有各种各样的属性。我们要想正确深刻地认识眼前的事物，就要不断地对其进行分析和综合，抓住事物的本质。分析是指在大脑中把事物的整体分解为各个部分、各个属性或各种特性。如一场球赛可分为球员、教练、裁判、观众等不同的人群，一场电视晚会可分为歌曲、舞蹈、小品、相声、杂技等不同的艺术样式。而综合是指在大脑中了解事物各个部分、各个属性或各种特性之间的联系，将其结合为一个整体。如把所有的电视栏目按照一定的规律编排才能组成一个电视频道，一个完整的剧组不只有导演、制片、编剧，还要综合包含灯光、舞美、摄像等各种工种。

任何一种思维活动都是既需要分析，也需要综合，二者贯穿于人的整个认识活动中，既相互对立又紧密联系，共同构成了思维过程中不可分割的两个方面。分析，是把部分放到整体中进行分析，从而确定分析的方向意义。综合，是以分析为基础，通过对各部分、各属性的分析，从而使整体更加完备。

2. 比较

比较是指在大脑中将各种事物或现象进行对比，以此来确定它们之间的异同点及其关系的思维过程。比较既是分析的过程又是综合的过程，首先要对事物加以分析，认识不同对象各个部分以及特征的不同之处，之后对它们之间的关系和规律加以综合。比较不仅是重要的思维过程，更是重要的思维方法，通过同中求异、异中求同、同时对比、前后对照等比较方式，人们可以辨别事物

---

❶　彭聃龄.普通心理学［M］.北京：北京师范大学出版社，2001：243.

真伪，认识现象本质。

3. 抽象与概括

抽象是指在大脑中对事物与现象的共同特征和属性进行抽离，对个别特征和属性进行舍弃，从而抽取出一般本质的思维过程。例如，书包、提包、钱包、公文包、电脑包、购物包、拉杆箱等，它们虽然大小、容量、样式不一，但是都能装东西，抽取此类事物的共同特征是"装容物品"，这种认识就是抽象得到的。抽象是概括的基础，与概括紧密联系，如果不能对千差万别的事物的共同特征进行抽取，就无法进行科学的概括。概括是指在大脑中将事物与现象的共同特征进行综合，并类推于其他事物的思维过程。概括可以分为两类：一是初级概括，是指在感知表象层面的概括，如苹果、香蕉、橘子可以概括为水果；二是高级概括，是指在把握事物内在联系及其本质特征的基础上进行的概括，如定义、公式等。

（二）思维的类型

思维根据不同的划分维度可以分为不同的类型。

（1）根据思维过程中思维任务或凭借物的不同，可将思维划分为动作思维、形象思维和抽象思维。

动作思维是指依赖实际动作解决问题的思维形式。其特点是在解决问题的过程中边动手操作边思考。例如，汽车抛锚了，司机必须经过动手检查才能确定是车胎爆了，还是其他部件出问题了，找出故障才能进行修理；幼儿对周边事物的接触离不开触摸等动作活动，当他们摆放积木的时候，在动作的过程中进行思考如何摆出预定图案，等积木摆好，动作停止，其思维活动随之停止。由此可见，动作思维是幼儿和成人都具有的思维方式，但成人的动作思维水平远高于幼儿。

形象思维是指依赖事物的具体形象或表象解决问题的思维形式。这种思维的关键是想象活动。例如，驾驶员驱车前往某一地点，出发前在他的头脑中会出现多条通往目的地的路线，这时他会对这些路线的形象进行比较分析，最后选择一条最便捷的路线；儿童借助运算模型进行数学计算，在玩"过家家"游戏的时候需要借助具体人物的形象进行模拟。形象思维在儿童和成人解决问题时具有非常重要的作用，尤其是在面对较为复杂的问题时，鲜明的形象更有助于思维的拓展，从而有助于问题的解决。不同行业对形象思维有不同的要求，如作家、画家、设计师等职业所从事的文艺创作活动更强调对形象思维的运用。播音员主持人在拿到台本或文稿时，也往往会运用形象思维，一边阅读文稿一边在脑海中构建出相应的画面和场景，帮助其理解和记忆。

抽象思维是指依赖概念、判断、推理等形式解决问题的思维形式，因此又称为逻辑思维。它为人类所独有，在个体思维发展过程中，抽象思维需要随着动作思维和形象思维的充分发展以及年龄的增长才能逐渐变得发达。例如，学生运用公式、定理等进行数学运算，科学家通过实验和研究提出假设命题，电视策划人员凝练概括出节目形态，影视评论家对剧作人物性格进行分析等，都是运用抽象思维的表现。

在思维的过程中，以上三种思维不是孤立存在的，而是相互依存的。个体思维的发展经历了从动作思维到形象思维再到抽象思维的过程，成人思维是对三种思维方式的综合运用。

（2）根据思维目标指向性的不同，可将思维划分为集中思维和发散思维。

集中思维也称聚合思维，是指将已有信息和问题提供的信息集合起来，在一定的方向范围内思考，以求得出一个能明确解决问题的正确答案的思维过程。其主要特点在于求同。例如，已知 A ≠ B、B=C，必然会得出 A ≠ C。

发散思维也称分散思维，是指将已有信息和当前信息重新组织，从一个既定目标出发，沿着不同的路径去思考问题，从而产生大量新信息，以此探求出多种答案的思维过程，求异与创新是其主要特点。

（3）根据思维创造程度的不同，可将思维划分为常规性思维和创造性思维。

常规性思维是指按现有程序、惯常方法和固定模式，借助已有的知识经验解决问题的思维过程。例如，浙江卫视购买 *The Voice* 电视模式制作出电视节目《中国好声音》，《新闻联播》播音员按照以往的风格进行新闻播报等。这种思维方式基本上不需要改变原有的程式，产生不了新的思维成果，缺乏创新性和新鲜感。

创造性思维是指打破或重组个人现有经验，通过创造新思维、引进新方法来解决问题的思维过程。这种思维形式代表了人类思维的高级过程，是对多种思维方式的综合展现。例如，我国航天科学家研制出"神州"系列宇宙飞船，并成功实现登月；荷兰电视制作公司策划研制出 *The Voice*，并将节目形态传播至世界 100 多个国家等，都是人们对创造性思维的运用。

三、播音员主持人的思维能力培养

广播电视媒体日益激烈的竞争态势，要求从业人员的创新能力不断提高。从前期节目策划到后期节目制作求新求异，播音员主持人作为节目的形象代言人和核心人物更要具备出色的思维能力。被老百姓耳熟能详的优秀播音员主持人无一不具备突出的创造力，例如，凤凰卫视经典栏目《凤凰早班车》的主持人陈鲁豫，以自然轻松"说新闻"的主持风格，开创了新闻节目主持的新气象，在大家还在对这个节目津津乐道时，她已去尝试一种新的节目形态——《鲁豫有约：说出你的故事》，以最好的倾听者的姿态又打造了一档让观众追捧的访谈节目。有人说，不断创造是播音员主持人保持长青的动力，或者可以说是延续生命的实质。

创造并不是无法触碰的神秘物，创造的潜能蕴藏在每个人的身上，对播音员主持人来说也是一样，经过合理训练，不断更新认识，总有一天能够激发出创造的火花，使自己茁壮地矗立在播音员主持人百花园之中。

（一）创造动机的激发

推动播音员主持人开展节目创新活动的动机多种多样，最直接的内部动力是创造动机。具有强烈的创造动机的创作主体常常不甘模仿、推陈出新，而不会满足现状、故步自封。20 世纪 90 年代末，中央电视台《实话实说》栏目以崔永元朴实、风趣的谈话风格打破了电视高高在上的姿态，一度受到广大观众的追捧。在更换和晶为主持人的时候，部主任和前主持人崔永元告诫她：和晶，你要做好思想准备，很可能你出了第一期节目，就会骂声如潮。和晶听后并没有慌张害怕，而是更加清晰地将这个情况列入意料之中，然而她更相信，只要将前任主持人的长处作为创新的起点和基础，站在巨人的肩膀上不断创新，自己肯定会被广大观众接受，成为他们心目中肯定的新主持人。果然，在她录到第二十多期节目的时候，导播对和晶说："这个场是属于你的了！"主持人在节目录制之前，一定要在允许的范围内努力发挥自身的创造力，做真正"有内涵""有看头"的节目，而不是去"克隆"或是"模仿"已有节目或固有风格。奥普拉·温弗瑞（Oprah Winfrey）凭借有远见、有深度的创新，成为美国最著名的"脱口秀"节目主持人，对自己的创造力，她只是简单的总结为："我必须用自己的声音向世界说话。"

李静，作为国内著名电视节目主持人，既是《非常静距离》《超级访问》《情感龙门阵》《美丽俏佳人》《娱乐麻辣烫》等节目的主持兼制片人，又是东方风行传媒集团董事长、静佳化妆品品牌创始人。身兼数职的她，不仅拥有充沛的精力、乐观的心态和优秀的团队，创造力也始终是贯穿其职业道路的主题。1999 年，在中央电视台小有名气的李静以"当时在中央电视台很不开心""对节目总有自己的想法"为由向领导提出了辞职。2000 年，李静和几个人组成了最初的团队，运用新奇的想法和创意打造了第一个节目《超级访问》，节目的口号就是"不一样的访问"。为了保证节目的制作生产，李静尝试将节目售卖给电视台的发行方式，开启了国内综艺节目售卖给电视台的先河。从2003年开始，李静又推出了中国第一档真实还原情感话题的电视节目《情感方程式》和大型美容时尚秀《美丽俏佳人》等新节目，她总能带给观众最新鲜的东西。尽管李静目前已从单纯的主持人、制片人向企业管理者转变，但她始终认为自己的"创作激情要大于管理激情"，"我一直担心做公司会限制我的创造力，把我变成一个特别冷漠无情的商人，我希望保持自己的激情"❶。正是因为这种激情，使得李静在节目中始终有出色的发挥，并且不断动用自己的创造力让节目做得更好看、更吸引人。多年来，李静亲切、幽默的主持风格深受观众的喜爱。

（二）文化素养的提高

创新思维不是空穴来风，它扎根于坚实的知识技能和宽广的视野思路。要想在某一领域有所创造，就必须培育好孕育创新能力的土壤。"台上一分钟，台下十年功"，这句话同样适用于播音员主持人，如果不想只做话筒前、屏幕上的传声筒，而成为挥洒自如、信手拈来、妙语连珠的鲜活形象，就应在日常生活中博览群书、丰富自己，成为学识渊博的创作者。

根据主持人展现出的不同形象，张锦力曾经在《解密中国电视》中把主持人分成两类，一类是"炒菜式"的，一类是"拼盘式"的。他将节目内容、程序看作已经洗好、切好的各种菜料，指出能够根据节目需要添油加醋进行深加工把菜"炒好"的才是好主持人，而在目前这类主持人是极少数的，大多数的主持人是"拼盘式"的，也就是把各种"菜"简单拼凑到一块儿就仓促"上桌"了，怎么会有好味道呢？在节目有限的时长内如何拓展创造的空间？这需

---

❶　白明婷.李静：不一样的创业者［J］.创业家，2010（1）：6-10.

要主持人在台下台上都做到尽心尽力,认真对待每一期节目。主持节目前,主持人要大量查阅节目涉及内容的背景资料,了解最新情况,以备足料;主持节目时,主持人要对节目解说词、相关资料以及信息在理解消化的基础上加以创作,形成自己独具特色的语言,深入浅出、循序渐进地将新鲜、生动的节目内容和信息传递给受众。主持人只有全面了解事件的内涵和外延,细致把握现场气氛,才能达到这种高境界的临场发挥,产生一种厚积薄发的创造性能量。1997 年 6 月 30 日,作为香港回归现场直播的主持人,白岩松以其出色的表现为人称赞。当日上午,距大会开始还有一个小时时,天气剧变,大雨骤降,所有人都在为这一情形感到担忧。距大会开幕还有 20 分钟时,天气骤然放晴,在直播现场的白岩松即兴地说出:"一场大雨洗刷的是中国百年的耻辱,而风雨过后,是中国晴朗的天空。"以这样一个精彩的开场白开始了现场直播,短短 28 个字,不仅为香港回归的直播节目锦上添花,而且传递出了广大中国人民乐观豁达的精神。这成为主持人在电视直播现场施展自己创造能力的一个典型案例。可是,如果白岩松没有深厚的文化底蕴,在这种关键时刻绝说不出这么精彩的语言。白岩松在接受采访时也曾经感慨道:"电视是这样一个东西,它拼命压榨你,恨不能一天把你的'库存'榨干、掏空。为了避免被掏空,就要不断积累,不断充电。"由此可见,节目要做得鲜亮,不仅需要编导的功力,同样需要一个拥有深厚文化积淀、个性特色鲜明的主持人来支撑。

(三)发散思维能力和集中思维能力的培养

创造性思维的培养需要将发散思维与集中思维相结合,其最主要的特点也在于发散思维。播音员主持人可以从思维的流畅性、变通性、独特性等方面着手训练发散思维。第一,经常运用开放的思维方式对某一问题进行思考,切开众多剖面,美国生命力极强的电视杂志类节目《60 分钟》主持人迈克·华莱士(Mike Wallace)可以称为这方面的典范,他在仅一个小时的采访中,往往会充分发散自己的思维，设计 100 多个问题作为支撑。第二，创造性思维要具备良好的灵活性，要打破思维定式，做到举一反三、触类旁通。第三，要以播音员主持人的抽象、概括、判断等能力为核心培养集中思维，在思考问题的时候把新颖的、与众不同的答案视为追求的目标。播音员主持人在平时要注意对各类节目信息的收集，善于从中发现问题并加以改正、总结优秀节目主持人的特点并加以学习。

我们仍以中央电视台主持人白岩松为例来分析播音员主持人的创造性思维问题。白岩松的创造性思维体现在其职业之路的各个方面。首先，白岩松在《岩松看美国》《岩松看日本》以及中国香港回归十周年特别节目中，并不是采用常规方法去采访美国、日本或是中国香港的重要领导人，而是用他特有的新闻眼光从一系列的细节中带领大家去认识什么是真实的美国、日本和中国香港。其次，白岩松在中央电视台新闻频道一直以评论见长，而他的评论独到、犀利，也是基于其在思考和分析问题时良好的思维方式。从《焦点访谈》到《新闻会客厅》，再到《新闻周刊》，白岩松对待每个选题，总能从多维角度进行剖析，进而对问题有更加全面和立体的考量。在《新闻会客厅》中，由于该节目采用发散式的叙事逻辑，谈论的点和结论是开放式的，节目逻辑完全随着主持人的兴趣和谈话的气氛游走，更加考验主持人的思维能力，而白岩松的表现可谓游刃有余。2010 年 11 月 12 日，白岩松在中央电视台新闻频道为广州亚运会开幕式解说，他以有别于传统的解说风格，改变了以往中国主持人在国家重大活动中的语态表述，并以独特的新闻视角获得网友的推崇，中央电视台于 2010 年 11 月 15 日对白岩松给予表扬，坊间亦将白岩松的此次解说称作"白话版解说词"。正是白岩松在工作中不断利用发散式的思维方式思考问题，使其拥有了非凡的洞察力和新闻敏感度，进而才能够把掷地有声的评论、观点鲜明的解说、自然不做作的主持呈现在观众面前，成就其在观众心中睿智、沉稳的主持风格。

第五节　想象是播音员主持人重构信息的方法

一、想象的定义

想象是指在头脑中对已有的表象进行加工改造，继而形成新形象的过程，是人类的一种高级认识活动。例如，广播、小说传递给人们的信息是声音、文字，而没有具体的形象，但是人们在头脑中可以根据声音、文字的描述呈现出相应的各种各样的情景以及人物形象。这些根据已有经验或别人的描述在头脑中形成的新形象，都是想象活动的产物。

想象的基本特征有两个，即形象性和新颖性。想象是在记忆表象的基础上，通过改造旧表象来创造新形象的过程。它将人们头脑中具有形象性的表征以直观的图形信息呈现出来，以此来替代词或言语符号。此外，想象的新形象不是简单再现已有的表象，而是对其加工改造的产物。例如，"大漠孤烟直，长河落日圆"描绘的是一幅塞外黄昏景色，也许我们并没有亲眼见过这样的场景，但是我们头脑中有沙漠、炊烟、黄河、日落等表象，此时大脑就会对这些表象进行加工，形成一幅极具意境的画面。想象不仅可以对人们未曾知觉过的事物形象进行创造，还可以创造出现实中不存在或不可能存在的事物形象。例如，《封神榜》中哪吒的三头六臂，《西游记》中孙悟空的七十二变，《哈利·波特》中的伏地魔等。这些形象虽然离奇荒诞，但是在现实中都能找到它们的原型，是人脑对已有形象的加工，同其他心理活动一样，都是对客观现实的反映。例如，西方的上帝长着西方人的面孔，东方的神与东方人的样貌神似。

二、想象的种类

依据想象活动目的性和计划性的不同，可以将想象分为无意想象和有意想象。

（一）无意想象

无意想象是指没有预定目的且不自觉的想象。它不需要人做主观意志努力，而是在个人意识减弱时，在某种外在刺激下，不由自主地想象某种事物的过程。例如，人们常常把天上飘浮的白云想象成各种形状的事物，如棉花、羊群、野兽等。无意想象还包括人们在睡眠中做的梦、精神病患者产生的幻觉等。

（二）有意想象

有意想象是有预定目的且自觉进行的想象。这种想象活动具有一定的预见性、方向性，人们在为塑造某种事物形象而进行的想象活动过程中一直控制着想象的方向和内容。根据创造程度和形成方式的不同，有意想象可分为再造想象、创造想象和幻想。

1. 再造想象

再造想象是人们根据他人的言语文字描述或图形示意，在头脑中形成新形象的过程。再造想象不是想象者独立创造出来的，而是以他人的描述和提示为前提，再造他人描述的事物形象。因此，再造想象中也有一定程度的创造性，但水平较低。再造想象需要有丰富的记忆表象作为基础，言语描述或图像示意越丰富，再造想象的新形象也就越丰富。

2. 创造想象

创造想象是人们依据一定的目的、任务，在头脑中独立创造出新形象的过程。创造想象是一切创造活动的必要条件。如发明家创造新产品、艺术家创作新作品、科学家提出新理论等，都是创造想象的结果。与再造想象相比，创造想象具有首创性、独立性和新颖性的特征。阿尔伯特·爱因斯坦（Albert Einstein）说过："想象力比知识更加重要，因为知识是有限的，而想象力概括着世界上的一切，推动着进步，是知识进化的源泉，严格地说，想象力是科学研究中的实在因素。"这里的想象力指的是创造想象的能力，由此可见，创造想象在科学创造、技术发明等创造活动中发挥着重要的作用。

3．幻想

幻想是创造想象的一种特殊形式，它与个人愿望相联系且指向未来。宗教迷信中妖魔鬼怪的形象以及神话、童话中的各种形象都是幻想出来的。幻想不立即体现在人们的实践活动中，与一般的创造想象相比，幻想具有两个特征：一是幻想体现着个人的愿望，是个人向往的形象；二是幻想常是人类创造性活动的准备阶段。例如，古代文集中所展现的腾云驾雾、嫦娥奔月、龙宫探宝等情形，就代表了当时人们想要登天入地的幻想。

三、播音员主持人的想象力特征及培养

（一）播音员主持人的想象力特征

情景再现是播音员主持人想象力的最大特点。所谓情景再现，张颂在其著作《播音创作基础》中表明："由稿件的文字语言引起和制约，稿件的内容发展中，播音员主持人的情景再现也随之发展，稿件中的人物、事件、情节、场面、景物、情绪……在播音员主持人脑海里不断浮现，形成连续的活动的画面，并伴随着画面不断引发出相应的态度、感情。"[1]在情景再现的过程中，播音员主持人的想象力主要有以下几个特征。

---

[1] 张颂．播音创作基础［M］．北京：北京广播学院出版社，1985：39．

1. 想象的主动性

在主持节目之前，播音员主持人都要依据节目内容对其表现形式进行设计，这是一个发挥想象空间的过程，而播音员主持人头脑中哪种想象形式更具支配力，决定了主持人的能力水平。无意想象占优势的播音员主持人，往往不能以稿件的目的和内容为依据展开想象的翅膀，而一旦展开想象的翅膀之后，就会像一批脱缰的野马自由奔驰，漫无边际，收不回来。有意想象占优势的播音员主持人，一般能够按照预定目的和计划唤起自己的想象，但常陷于"登山则情满于山"的境地，像一艘沿既定航线行进的船只，而且能够行止得当，做到由此及彼，由表及里，进行全方位的联想。综观业内众多播音员主持人的表现，往往是具有主动性想象力的主持人才能在节目创造中脱颖而出。

2. 想象的丰富性

想象的丰富性是指想象内容的充实程度。表象是想象形成的基础，表象的多样性决定着想象的丰富性。当然，富有价值的想象是在正确无误、丰富充实的表象基础上形成的。播音员主持人想象丰富性的差异决定了其业务水平的高低，想象丰富多彩的人在展开某一主题的想象时，头脑中会出现相应的画面，而想象贫乏单调的人则无法形成应有的画面感。中央电视台主持人撒贝宁因为主持《今日说法》节目而被观众所熟知，之后不断拓展主持领域，在《首席夜话》《开讲啦》等节目中一直有着出色的表现，他的应变能力和丰富的想象力也一直为人称道。如在一期《开讲啦》节目中，撒贝宁这样形容梦想："梦想应该是一本枕边书，但是它不应该是你睡不着的时候翻两页给你催眠的书，而是当你做了噩梦醒过来的时候，你翻起这本书你会发现原来还有这么多美好的东西，等你重新再睡着的时候，后面的梦会是美梦。"如此形象和具有画面感的说法，将梦想的意义娓娓道来，自然能够引发观众的共鸣。

3. 想象的生动性

想象的生动性指想象的活跃和鲜明程度。想象的生动性因表象生动性的不同而存差异，越富有直观性的表象，其对应的想象就越生动。如果一个人的视觉表象、听觉表象、味觉表象及触觉表象等与直接看到、听到、尝到、嗅到、触到的事物形象一样鲜明、完整和稳定，由此构成的想象自然也更加生动、鲜明。在播音员主持人队伍中，有的想象生动活泼，色彩鲜明，能在头脑中直观的"看到"某人，熟知他的一言一行、一举一动；有的想象则似一潭死水，色彩暗淡，无法生动地展现形象。湖南卫视知名主持人何炅在主持节目时以丰富的想象力和灵敏的反应力获得了观众喜爱，不管是主持《快乐大本营》《百变大咖秀》，还是《我们约会吧》等节目，何炅经常能说出一些让观众大呼精辟的经典台词。如在主持一档选秀节目时，何炅让5号选手介绍一下台上的三位主持人，选手说："观众朋友们，大家晚上好！今天我们台上来了三位嘉宾，他们中有一位的称号是快嘴，另一位以前我们都叫他孩子王，还有一位脸上最有特点的是他的鼻子，我想不用我说，大家一定都知道他们是谁了吧！"何炅立刻接道："知道！我知道！他们是李翠莲、鞠萍姐姐和刘德华！"生动而富有想象力的回答，让人忍俊不禁。

4. 想象的新颖性

想象的新颖性是指想象构成形象的新异程度。想象的新颖性是通过改造表象实现的，该过程带有分析和综合的性质。一个新颖想象的构成，一方面需要在已有表象中通过分析选取出有用的表象；另一方面又需要通过综合将分析选取出的有用表象加以联合，从而构成一个新形象。在想象的过程中，构成的形象越出乎意料，往往新颖性就越强。不同的播音员主持人的想象能力具有很大的差异，有的通过想象构造的形象几乎就是照本宣科，依葫芦画瓢，缺少新意；有的通过想象构造的形象则能打破常规，标新立异，创意非凡。

（二）播音员主持人的想象力培养

播音主持工作面向的领域十分广泛，上至天文，下至地理，古今中外，无所不包。内容的广泛性导致播音员主持人即使拥有再丰富的经历，也不可能事事都能身临其境。想象力是弥补播音员主持人过去经验不足的重要手段，这就要求播音员主持人必须具备运用想象加深对节目内容感受的能力。只有展开丰富的想象力，才能更加到位的去感受别人的经历，才能从文稿或采访中捕捉到真情实感，才能在感知的基础上进行再创造。针对播音员主持人的特性，本书提出以下几条培养想象力的有效途径。

1．增加表象储备

想象中任何新形象的形成都依赖于头脑中的原有表象，只有以旧有记忆表象作为基础，新的表象才可能被加工出来，创造性想象才可能产生。表象的丰富程度与人的知识经验范围紧密相关。对播音员主持人来说，要在参与社会调查、欣赏影视歌舞、读书、制作的社会实践中开阔自己的视野，尽可能多地接触自然界和社会中的各种形象，以扩大表象的储备。生活积累越丰富，想象力的驰骋面就越宽阔，越有可能产生生动的新形象，创造性想象活动也越可能频繁的发生。江苏卫视主持人孟非素来以爱读书著称，早年他还在印刷厂工作时，就因为可以免费阅读报纸而乐此不疲，之后孟非进入江苏电视台工作，对读书的热爱一直没有减少。在第九届金鹰节主持人颁奖盛典上，孟非就调侃说："我特别爱读书""做一个主持人就是要不断地学习、不断读书""但是今天中国的主持人有个大特点：不怎么爱读书，爱写书"……深厚的知识积淀以及丰富的游历和生活经验让孟非的表象储备非常充足，在节目中自然能够调动这些储备展开丰富的想象。

2．配合积极的思维活动

想象力的丰富程度虽然与个体的知识经验密切相关，但两者并不成正比，因为想象不是对已有感性材料的随意拼凑，而是对已有表象进行加工、改造和组合，在头脑中创造新形象的过程。也可以说是一种受思维活动控制、调节和支配的严密的构思过程。积极、严密的思维是播音员主持人的创造想象能够沿着正确的方向顺利进行的保障，唯有如此，想象的产物才不是不着边际的幻想，才能制作出激发起观众兴趣的优秀节目。2006 年 3 月，中央电视台主持人崔永元发起了"我的长征"大型电视活动。对于长达 3 个月的行程，崔永元声称：一路上"思考没有断，以前在思考，现在也在思考"，而且"这次的思考离历史特别近，好像这次思考是有依据一样，回想起来，过去有些思考就是空中楼阁，基础就很薄弱，在薄弱的基础上再进一步思考，当然脑仁儿都疼了"❶。在充分思考的基础上制作出来的《我的长征》系列节目，也更具内涵和深意。

3. 经常展开联想

联想是为想象力助力的催化剂，经常展开联想，可以活跃想象。联想就是从一事物、概念、方法和形象想到另一事物、概念、方法和形象的过程。在生活中不同事物之间的联想，可以丰富我们的想象。播音员主持人要经常展开联想，进行想象训练，如从嘉宾开始进行联想，和嘉宾相关的是什么，他的经历是什么样的，跟他有关的人都有谁，他都做过哪些有价值的事情。经常进行一系列的联想，会极大地拓展想象的细密程度和丰富程度，从而促进想象力的展开。

---

❶ 三联生活周刊网. 新长征路上的小崔. [EB/OL]. (2006-09-05) [2021-04-16]. http://www.lifeweek.com.cn/2006/0905/16171.shtml.

第三章

播音员主持人的人格心理研究

　　在你欣赏各类电视节目的时候，屏幕上那些魅力四射却又风格各异的播音员主持人可能会将你深深吸引。崔永元的机智与风趣，白岩松的稳重与正直，董卿的文雅与端庄，谢娜的开朗与泼辣……播音员主持人的这些个性差异不外乎都是其人格差异的外在表现形式。从根本上讲，人格即是一种心理特性，它使每个人在心理活动的过程中表现出与他人不同的风格，从而形成自己的特色。播音员主持人在节目中表现出来的自我风格的人格魅力能够对受众产生不可小觑的影响，对播音员主持人的人格心理研究将有助于进一步完善播音员主持人的人格，吸引更多的受众，从而增强节目的吸引力。

第一节　播音员主持人个性倾向的差异化

一、播音员主持人的自我需要

（一）需要的界定

播音员主持人的需要是指存在于播音员主持人内部的一种不平衡状态，它主要表现在两个方面，一是播音员主持人需要一种内部环境的稳定，二是播音员主持人需要一种外部生活条件的稳定，这些也成为他们活动的主要动力。这种不平衡状态包含了生理上的不平衡以及心理上的不平衡两个方面。例如，当体内的食物供应不足而产生饥饿感时会有想进食的需要；当无人陪伴感到孤独时会产生与人交往的需要等。更有研究表明，交往的需要在人类发展史上起着举足轻重的作用，一旦长期缺乏交往的需要甚至会导致个性的变态。当人的各种需要得到满足后，这些不平衡的状态就会自然消除，但是当新的不平衡出现时，新的需要也会应运而生。

当人缺少某种东西的时候，就会把这种需要视为必需品。人为了求得个体在社会中的生存发展，一定会要求一定的事物。这种对外部环境的需要显示出了有机体对客观条件依赖性，并且这种需要是指向于某一能满足该需要的对象或条件的。

需要是有机体活动积极性的根本来源。人的各种需要为人在各个方面进行积极活动创造了基本动力。人的活动与其所需是紧密相连的，从饥饿则进食、口渴则饮水，到从事各类生产活动、创作文艺作品、创造科学技术，都以需求为助推动力。没有需要就不会有人的一切活动，需要越强烈和迫切，引起的活动就会越有力。与此同时，人的需要也会随着活动的发生和发展产生新的变化。当先前的需要得到满足后，进而就会产生新的需要，新的需要又会促使人们去从事新的活动。

人的需要不同于动物的需要，二者是有区别的。从本质上讲，人的需要是由人的社会属性所决定的，受到社会客观条件的制约，具有明显的社会性特征；人的需要内容以及满足需要的手段也不同于动物，动物仅仅以自然环境中的物体来满足自身需求，而人不仅可以以自然物体作为满足的对象，还可以通过劳动生产出满足对象，并且由于人具有主观能动性，能够自主地调节和控制自身的行为模式，所以人可以不断调整、提高自己的需要。

（二）需要的分类

人的需要多种多样，且各种需要之间还是相互联系、相辅相成的。可以按照不同的标准对需要进行分类。以起源作为划分标准，可以把需要分为自然需要和社会文化需要。自然需要主要受机体内部的生理不平衡状态的影响。如果在长时期内，有机体正常的自然需要得不到满足，有机体在生存、延续后代上就得不到保证，如进食、饮水、睡眠、排泄等生理方面的需要；社会文化需要则是为人所特有的，它是人类在社会生活中形成的，在社会实践中发展起来的，反映了人类社会的要求并对推动社会进步具有关键作用，如交往的需要、受社会认可的需要等。当人的社会文化需要无法得到满足时，虽然对有机体的生存不会有威胁，但会产生不舒服的感觉与情绪，对机体的发展也不利。以指向的对象作为划分标准，可以把需要分为物质需要和精神需要。物质需要主要是指与衣、食、住、行等有关的有形产品的需要；精神需要也是为人类所特有的需要，它指的是社会上各种精神产品，包括对欣赏文艺作品和美的需要等。播音员主持人多元迥异的风格也往往从一个侧面反映了他们的自身需要在节目中的投射。白岩松对于节目深度的追求在某种程度上体现了其审慎、探索的人生准则；镜头前张越用妙趣诙谐的语言表达出的是自己对生活保有的那份自信乐观的态度。或许可以这样说，正是这些怀着不同需要踏入录音棚的播音员主持人们，才创造出了风格多样的节目类型。

（三）亚伯拉罕·马斯洛（Abraham Maslow）的需要层次理论

美国心理学家亚伯拉罕·马斯洛于1943年发表了《人类动机的理论》。在这本书中，他提出了需要层次理论。该理论由三个基本假设构成：①人的需要是多种多样的，一个人的行为主要受其未得到满足的影响，而已经得到满足的需要不会成为推动其行为发展的主要力量。②人的需要具有层次性，并且各种需要之间相互依赖、互为联系，具有系统性。它依据重要性和层次性排序，呈现出了由较低层次往较高层次的排列顺序。③只有当低级层次的需要得到满足后，人们才会去追逐更高一级的需要，如此一级级不断上升，最终成为推动人奋发向上的内生动力。因此，亚伯拉罕·马斯洛把人的需要分为了五个大类，并从低级往高级分成五个阶层，就像构筑金字塔一样逐层往上堆砌（见图3-1）。

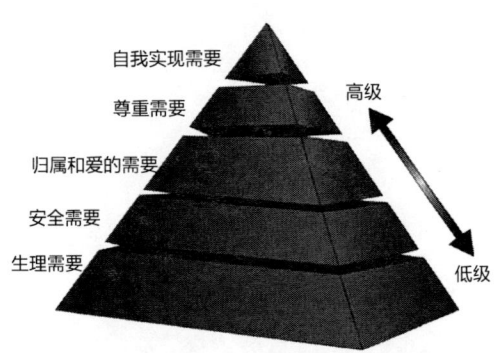

图 3-1　亚伯拉罕·马斯洛的需要层次模式

生理需要：是人类最基本的需要，由人的本能所决定。它处于需要层次金字塔的最底端。生理需要主要包含衣、食、住、行以及延续后代的需要等。

安全需要：实质上是为生理需要创造出了一个保护空间。包括生命安全、财产安全、职业安全、劳动安全、环境安全和心理安全等几个方面。

归属与爱的需要：包括社会交往，从属于某一个组织或团体，并在该组织和团体中发挥作用并获得一定的认可；希望与同伴保持融洽和谐的关系，希望得到家人朋友的呵护、关爱等。

尊重需要：一方面是对自我的尊重，即自尊、自重；另一方面则是希望得到他人的尊重。包括自尊心、信心、希望有地位、有威望，受到别人的尊重、信赖以及高度评价等。

自我实现需要：是追求实现自我理想的需要。这是人生追求的最高目标，位于需要层次金字塔的顶端。它主要表现为个人特有潜能的极度发挥，做一些自己认为有价值的事，但是真正能达到自我实现境界的人只有少数人。

这就是亚伯拉罕·马斯洛的需要层次理论。但是，这实际上存在一定的不完整。亚伯拉罕·马斯洛本人在著作中对需要层次论作了更多的探讨，并且他的需要层次论在很多方面还带有假设性质，尚缺乏实验依据和客观指标。

一个人在成长的过程中，低级需要的满足与高级需要不可偏废其一。亚伯拉罕·马斯洛认为，人性本善，人格的发展就是去实现人的本质、发挥人的潜能，走向自我实现。与社会上的一般人群相比，播音员主持人的收入水平较高，生理和安全的需要基本上能得到满足，因此播音员主持人应该主要关注亚伯拉罕·马斯洛层次理论中的更高层次的需要，即归属和爱、尊重以及自我实现这些需要的满足。亚伯拉罕·马斯洛将自我实现定义为："如果想要获得最终的平静，一个音乐家必须作曲，一个画家必须画画，一个诗人必须写诗。一个人能是什么，他就必须是什么。"[1] 所以，作为播音员主持人，自我实现的最佳途径便是出色地完成播音主持工作。

如果说一个节目的灵魂往往通过播音员主持人来直接体现，那么我们也

---

[1] 迈克尔·艾森克.心理学——一条整合的途径 [M].阎巩固，译.上海：华东师范大学出版社，2000：438.

可以试着将亚伯拉罕·马斯洛的这些需要层次当作播音员主持人的节目划分标准，以帮助我们理解不同节目存在的理由。例如，当下各大卫视热播的选秀节目之所以可以得到大众的热捧，不正是因为这些节目满足了平常人自我实现的需要吗？而养生类节目的持久不衰，则正是因为其中传播的知识满足了普通百姓低层的生理和安全的需要。有需求才有市场，播音员主持人可以依据亚伯拉罕·马斯洛对于需要层次的划分来指导自己的定位，以迎合和满足大众的需要。

二、播音员主持人的兴趣

（一）兴趣的界定

播音员主持人的兴趣是播音员主持人力求认识某种事物或从事某种活动的心理倾向，它的基础是认识或探索外界的需要，它是推动播音员主持人认识事物、探求真理的重要动机，它是播音员主持人对播音主持的选择性态度和积极的情绪反应。当兴趣更深层次的发展成为从事实际活动的需要时，就变成了爱好。兴趣和爱好往往是紧密相连的。

人的兴趣是在需要的基础上通过实践活动而形成、发展起来的。每个人的需要都各不相同，同一个人的需要也多种多样，因此兴趣也是多种多样的。当人的需要改变时，兴趣也会随之改变。但是需要并不是都表现为兴趣。生理性需要所产生的兴趣并不是真正意义上的兴趣，它只是暂时的，如人在饥饿时有进食的需要，对食物产生了兴趣，但是一旦这种需要得到了满足，肚子不饿了，这种兴趣就会消失，这样的需求并不是对进食有兴趣。

（二）兴趣的分类

按照不同的分类标准，可以对各种各样的兴趣进行分类。按照兴趣所指向的目标，可以将兴趣分为直接兴趣和间接兴趣。直接兴趣是对活动过程本身有兴趣，如对看电视剧、玩游戏的兴趣；间接兴趣是对活动结果的兴趣，如在学生学习英语时，其目的是为了取得好的英语成绩或者达到跟外国人流利交流的目的，对学习英语的过程并没有兴趣。直接兴趣和间接兴趣在实践活动中是缺一不可的，有了直接兴趣的支持，活动才会丰富多彩、富有乐趣，有了间接兴趣的支持，实践活动才有可能长久地持续下去。

（三）兴趣的作用

兴趣可以推动人们积极主动地寻求知识和从事各种喜爱的活动，并且使工作效率也得到提高，最终取得满意的效果。丁肇中教授曾说过："任何科学研究，最重要的是看对自己所从事的工作有没有兴趣。"作为一名播音员主持人，应该在自己专业领域的基础上多涉猎其他专业的知识，成为一名"杂家"，丰富自己的知识框架，与此同时拥有丰富的人生阅历，这样在节目中才能游刃有余，侃侃而谈，使得节目的效果得到大大的提高；在主持过程中，才能做到文思如泉涌，让受众在观看节目的过程中能达到身心愉悦的目的。人们所了解的播音员主持人，似乎都是无所不知的"百事通"，上知天文下晓地理，文史哲、政经法，无论人们谈论到什么话题，播音员主持人都能说出个"子丑寅卯"，无论说到什么事件，播音员主持人都可以说得条条是道，这一方面归功于播音员主持人在节目之外所做的充分的功课，另一方面则是由于播音员主持人在兴趣的催促下对各方面知识的了解和掌握。奥普拉·温弗瑞作为美国著名的脱口秀节目主持人，与人交流的兴趣促使她勤奋读书，广泛涉猎政治外交、文学艺术等多个领域，不断积累了渊博的知识，进而运用到节目中，她经常妙语连珠、机智幽默，并时常迸发出智慧的火花，受到了广大受众的喜爱。播音员主持人要注意从多个方面培养自己的兴趣，在各个方面都应有所涉猎，从而使自己的修养得到提高，使自身的魅力得到增强。播音员主持人特有的思想情感和兴趣倾向的流露，能够更好地感染受众，让他们获得教益和启迪。如有的播音员主持人在播音主持中表现出了对文化和科学技术及其他知识的探索精神时，就会显得典雅、不俗和充满神韵；有的播音员主持人在播音主持中表现出对社会真善美和正能量的向往，以及对假恶丑的憎恶，他们以高屋建瓴的气势和对真理坚定不移的信念，不遗余力地伸张正义，呼唤人类良知，流露出主持人对国家和人民群众的深情；有的播音员主持人在播音主持中表现出对生活的热爱，将生活中严肃的课题演变为轻松的话题，表达出对于生活智慧的领悟，或者以幽默和含蓄的形式，表现出对于生活的独到见解。因此，播音员主持人的兴趣倾向的流露在某种程度上可以促成节目风格的塑造。

三、播音员主持人的价值观

（一）价值观的界定

播音员主持人的价值观是指播音员主持人根据客观事物对其自身及社会的意义或重要性进行评价和选择的原则、信念和标准。一个人思想意识的核心就是价值观，它是支配着一个人的行为、态度、观点、信念、理想的一种心理基础。价值观不仅会对个人的行为产生影响，还会对群体行为和整个组织行为产生较大的影响。在客观条件相等的情况下，对于相同的事物，不同的价值观会产生不同的行为，正如一句话说得："一千个人有一千个哈姆雷特。"在同一个岗位中，有人追求的是工作成就，有人偏向于金钱报酬，也有人重视权力地位，这都是受到个体不同价值观的影响。价值观对行为具有导向作用，面对同一个规章制度，不同的人会持有不同的价值观，那么他们的行为也就会不同，这将对组织目标的实现起着完全不同的作用。

价值观具有三种特征：①主观性。即每个人心里都有一把标尺，价值观是根据自己内心的标尺来进行评价的，并且每个人对于区分好与坏、得与失、成与败、荣与辱、福与祸、善与恶的标准都不一。虽然客体是客观存在的，但个人对客体意义的认识不一，对其好坏的评价主要还是取决于主体自身的需要。②稳定性和持久性。价值观并不是随意变化的，在特定的时间、地点、条件下，价值观处于相对稳定和持久的状态。比如，在条件不变的情况下，对某件事、某个人的好坏的看法和评价也不会随意改变。③社会历史性。价值观也并非是一成不变的。如果人们的经济地位改变以及人生观和世界观改变，相应的价值观也会随之变化。所以，在不同的历史时代、不同的社会生活环境中，人们的价值观是不一样的。

一个人的价值观并不是天生就有的，而是人类出生以后，在家庭和社会的影响、教育、熏陶下逐步形成的。价值观的形成会受到诸多不同因素的影响，如一个人所处的社会生产方式及其所处的经济地位，这对一个人价值观的形成起着决定性的作用。另外，价值观的形成还受到大众传媒宣传的观点影响，如报刊、电视和广播等；价值观也容易受到他人的影响，如父母、老师、朋友和公众名人的观点与行为也不容忽视。

（二）价值观的分类

价值观是一个多维度、多层次的心理倾向系统。可以根据不同的标准对价值观进行分类。德国心理学家爱德华·斯普兰格（Eduard Spranger）以社会文化生活方式为标准，把人的价值观分为经济价值观、理论价值观、审美价值观、社会价值观、政治价值观和宗教价值观等。经济价值观的中心是有效和实惠，这种价值观认为世界上一切实惠的才是最有价值的，实业家一般都是这种价值观。理论价值观的中心是知识和真理，具有理论价值观的人认为追求真理比一切都重要，哲学家和科学家一般都是这种价值观。审美价值观的中心是外形的协调和匀称，持这种价值观的人认为美和协调高于一切，有这种价值观的人一般都是艺术家。社会价值观的中心是群体和他人，认为为群体、为他人服务才是最有价值的，社会活动家多持这种价值观。政治价值观的中心是权力和地位，这一类型的人认为权力和地位才是最重要的，有这种价值观的人多是政治家。宗教价值观的中心是信仰，这一类型的人认为信仰是人生最有价值的，持这种价值观的人多是宗教信仰者或传教士。

尼古拉斯·雷舍尔（Nicholas Rescher）以"自我—他人"维度为划分标准，把价值观区分为自我取向价值观和他人取向价值观；米尔顿·罗克奇（Milton Rokeach）以"工具—目标"维度为划分标准，把价值观分为工具性价值观和终极性价值观等。

（三）价值观的作用

广播电视承担着传播真、善、美的重要使命，在人类不断完善自身的漫长的发展过程中承担着重要的角色，是传播价值观的重要媒介。作为优秀的播音员主持人，应该承担起应有的责任感和使命感，只有自身先树立正确的价值观，才能在节目中引导青少年的健康成长，为社会主义精神文明建设贡献出自己的一分力量。人类对于精神价值的追求主要体现在真善美上。人类追求的最高价值就是美。中国人民大学新闻学院教授周小普说："不管怎么样，一个主持人，都应该是出于公心的，在公共平台上体现公众利益，保持平衡公正的态度。不顾及他人感受、太过情绪化、发表非公益内容的，都不是合格的主持人。"因此，对于播音员主持人来说，应该树立真、善、美的价值观。播音员主持人的工作是神圣的，他（她）应该是播种美的人，化身为美，是美的使者。要做到这点，就要先提升自身的素质，陶冶自身情操，以美为标准，净化心灵，从而树立正确的价值观，做一个正确价值观的导向者。只有这样，才是一名优秀的播音员主持人，才能从平凡的百姓中和毫不起眼的素材中将真、善、美挖掘出来，才能对得起受众，才能做出无愧于时代的高水准、高质量的节目，完成广播电视传播真、善、美的使命，发挥出广播电视应有的作用。

第二节　播音员主持人能力素质的差异化

一、能力的定义

一般认为，能力就是人成功地完成某种活动所必须具备的个性心理特征。例如，一位优秀的歌唱家需要具有分析、理解作品内容和体验作品感情的能力，并且要会用歌声去表达作品的内容、思想感情，这些都叫能力。它包含实际能力和潜能两种含义，实际能力是指个人现在在行为上的实际发展能力，潜能就是指一个人将来在行为上可能发展的潜在能力。

人的能力和活动紧密相连。人的能力是在活动中形成、发展和表现出来的，只有具有一定的能力之后才有条件去从事某些活动。一个有主持能力的人，只有在主持节目的活动中才能很好地施展自己的能力；一个有播音才能的人，也只有在播音的时候才能显示出来。当一个人能迅速成功地完成某种活动，并且能取得比中等水平优越得多的成果时，才被认为是有能力的，同时也表现出了自己的能力。

能力是人格的组成部分之一，通常我们把它叫作个性心理特征。因此，虽然体力、知识等也能影响活动的顺利进行，但它们不是个体的心理特征，不属于能力；而谦虚、骄傲、沉稳等虽然属于人格心理特征，但不会对活动的效率产生直接影响，所以也不能称为能力。

二、能力的形成与发展

（一）能力形成的原因和条件

很多因素都能对能力的形成产生影响，如遗传、环境和教育、实践活动以及人的主观能动性，这些因素都对能力的形成和发展起着重要的作用。正确认识这些因素，可以加快能力在实践中的发展。

1. 遗传

能力发展的自然基础是遗传因素，它对人能力的发展潜力起着决定性作用。

2. 环境和教育

产前环境、早期环境和学校教育的作用环境等几方面对人们能力的形成和发展都会产生重要的影响。特别是早期环境，对能力的形成和发展有着更加重要的影响，如狼孩，由于早期是由动物抚养，即使回到了人类社会，也难以发展到正常人的智力水平。因此，在早期环境的教育中，父母和老师的作用尤其重要，必须以正确的教育观、儿童观武装自己，才能给儿童的成长营造出一个健康良好的心理环境。学校教育对学生能力的形成和发展发挥着系统性的作用，学生通过在学校接受系统性的教育，掌握知识和其他所需的心理品质，从而使自己的能力得到发展。现代社会瞬息万变，电视又是一种涉及面广而多的信息传递方式。身处不断更新变化的时代，作为一名播音员主持人，要不断更新自己的知识储备并学以致用，切莫书到用时方恨少，脑袋空空如也，无言以出，否则面对的将不仅仅是对自己专业学识的羞愧，观众的失望，更会让自己被竞争时代的潮流所淹没。反之，只有不断地充实自己，拓宽自己的学习视野，才能更好地把握时代发展方向，紧扣时代发展的脉搏，贴近人民群众，贴近生活。例如，中央电视台原节目主持人杨澜在 1994 年毅然放弃主持红极一时的《正大综艺》，远赴哥伦比亚大学攻读国际传媒专业。尽管在当时为许多人不理解，但杨澜在回国后所展现出的出色气质、能力与素质，向世人证明了她选择继续深造的正确性。

3．实践活动

只有通过各种社会实践活动，人的能力才能最终形成。如果没有实践活动，即使具备良好的遗传因素、环境和教育，能力也不可能形成和发展起来，只有在实践活动中，能力才有孕育的温床，个人直接经验才能得到积累。个人直接经验的积累对人的能力的发展起着决定性的作用，是不可替代的。

4．主观能动性

能力是依附在个人身上的，一个人能力的提高，离不开个人的主观能动性。一个人刻苦努力，积极向上，追求远大的目标，经历得多，见多识广，他的能力也会相应地得到增长，获得越大、越多、越广和越深的发展。播音员主持人的综合能力并非一日之功，必须经历刻苦锻炼和学习积累。"做一个心理素质强大、各种知识储备丰富和思维灵活随机应变的'杂家'"——西岸播音主持专业的老师这样概括。然而，做到这些谈何容易。正如美国三大传媒巨头之一的哥伦比亚公司（CBS）负责人威廉·伦纳德（William Leonard）所说："当你在现场时，当你面临真刀真枪——比如选举、年会、太空发射以及像总统遇刺之类不知从什么地方冒出来的事情，而你根本无从准备时，你能机智地即兴解说得头头是道吗？"这是一项长期的积累与任务，终身学习这根弦需要每一个有责任感的主持人时刻紧绷。

（二）能力的发展

能力并不是永久不变的，而是不断发展的，但是能力的发展有一定的趋势，也有一定的个体差异性。

（1）心理学家通过调查研究，发现随着年龄的增加，人类智力也在不断地增长。南希·贝利（Nancy Bayley）经过 36 年的追踪调查研究后，发现人类 3 ~ 13 岁的智力成长曲线呈直线上升趋势，13 岁之后涨幅逐渐放慢，到 25 岁时达到顶峰，26 ~ 36 岁进入稳定的高原期，这一时期很平稳，36 岁以后开始下降（见图 3-2）。

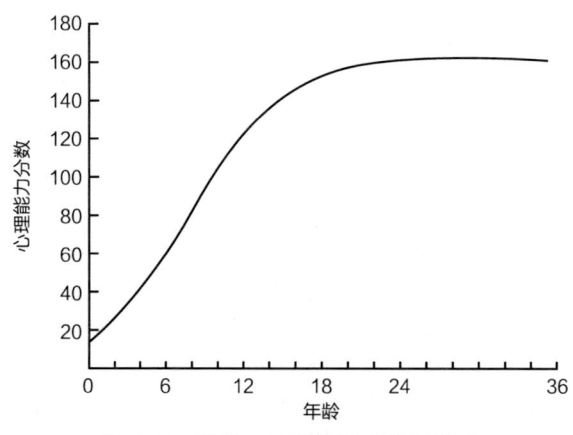

图 3-2　南希·贝利的智力成长曲线

（2）智力不仅仅是作为一个整体而发展，其中还存在各种不同的成分，而这些成分的发展速度也是不同的。路易斯·列昂·塞斯顿（Louis Leon Thurstone）对他提出的 7 个因素的发展情况进行了考察研究，结果如图 3-3 所示，各种成分的发展速度均不同。例如，知觉速度在各成分中是发展最快的，儿童发育到 12 岁时的知觉速度已经可以达到成人水平的 80%；而推理能力、词的理解力和词的运用能力发展较缓，要达到成人水平的 80% 则要等到儿童发育到 14 岁、18 岁和 20 岁以后。

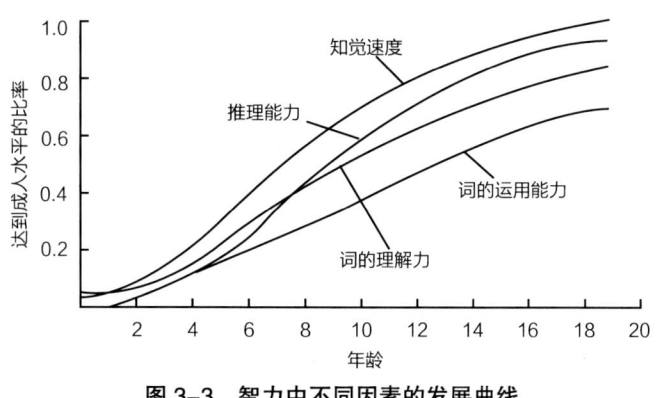

图3-3 智力中不同因素的发展曲线

（3）智力发展速度与智力停止年龄存在个体差异性。它与人的智力高低关系紧密，智力高的人发展速度快，停止的年龄较晚，反之则相反。

三、播音员主持人的能力要素

广播电视媒体具有技术含量高、工作特殊的表征，而播音员主持人依托着广播电视媒体而存在，这一特点要求播音员主持人必须具备多方面的能力。著名主持人李瑞英坦言："一个播音员必须在政治方面、文化方面、专业技巧方面、心理素质方面不断磨炼自己，只有在上述四个方面经过多年的积累，才有可能成为一名优秀的播音员。"虽然对播音员主持人的能力要求严格，但是舞台上耀眼的光芒、话筒里富有磁性的声音、高曝光率、似明星般的光环效应，仍然是很多帅气、貌美的男女追求的目标，不仅高校里报考播音员主持人的人数众多，各电视台、电台招考播音员主持人的人数也是数不胜数，这就使得人们对播音员主持人的要求越来越苛刻，要求播音员主持人近乎完美，即使是在千里挑一中脱颖而出，人们也会在鸡蛋里挑骨头，这更加反映出作为一名优秀的播音员主持人，能力是最重要的，不仅要立体化，还要多元化、全方位。总得来说，以下几点是作为一个优秀的播音员主持人所应该具备的最基本的要素。

（一）思维能力要敏锐深邃

思维能力要敏锐深邃，主要是指对于信息要有敏感度、警惕性，要有透过信息迅速、有效地抓住其政治思想意义的能力。要有全局意识，透过事件的本身，筛除掉次要信息，快速地抓住事件的主要政治信息，积极有效地将政治精神传播出去。

曾经听到中央电视台总编室的同志说过，如果播音员主持人的播音做到了准确、清晰，该强调的一听就明白，这才算是有功底的播音员主持人。有的播音员主持人仅仅是声音好，播音时却让人听不出主次，该强调的很平淡，该弱化的也没有体现出来。这是为什么呢？这是一个能力水平的问题。❶

我国广播电视事业的社会主义性质决定了广播电视是党、政府和人民的喉舌。作为播音员主持人，尤其是从事新闻、思想宣传方面的播音员主持人，必须清楚地认识到这一点，并且要积极发扬党在新闻宣传工作中的优良传统。在新时期，中央领导同志对这一点仍然十分重视。党的十八大以来，习近平总书记多次看望慰问新闻工作者，召开会议与新闻工作者座谈，发贺信鼓励新闻工作者，对广大新闻工作者提出具体要求。习近平总书记指出，党的新闻舆论工作是党的工作的重要组成部分。因此，播音员主持人在做好自己本职工作的同时，还要有敏锐深邃的思维能力，对党和国家的工作大局要有清醒的认识，积极有效地传播政治精神，将舆论导向把握好。❷而说到敏锐深邃，国内最具代表性的主持人和新闻评论播音员白岩松尤其具备这种特质。他通过不断的阅读和思考，使自己在认识和分析问题时格外客观、深刻和全面，加之他稳重、沉

❶ 祁芃.播音心理学［M］.北京：北京广播学院出版社，1992：136–137.
❷ 王玉芬.播音员、主持人的职业素养［J］.道德与文明，1996（6）：13.

着的主持风格和富有逻辑的口语表达，都使他成为当代中国最具影响力的主持人之一。

（二）语言驾驭能力要出众

经过科学家的分析论证，语言能力是人的六种天赋能力中较为重要的一种。播音员主持人的看家本领就是要通过嘴，运用语言的功夫，将字面上无声的文字转化成有声的语言，使广大受众从视觉接受转变为听觉接受，最终达到传情达意的目的。

播音员主持人的语言表达能力状况主要从以下几个方面来评判。一是语音、语调。语音上每一个字都要做到发音准确，吐字清晰；语调上要清楚的表达出逻辑重音、情感重音，节奏上要抑扬顿挫、富有停顿变化。二是发声方法。发声方法要科学，只有掌握了正确、科学的发声方法，才能发挥出圆润、饱满、集中的音质，才能使受众听到富有感染力、富有形象的声音。三是丰富的词汇。词汇是语言的重要组成部分，用词准确，富有变化性才能清楚生动地表达出自己的情绪和感想，让受众感同身受。中央电视台品牌栏目《实话实说》的成功与主持人崔永元的主持风格和语言特点是密不可分的。一名优秀的谈话节目主持人，既要风趣幽默，又不能出格；既要自然真诚，又能深入浅出和善于引导。在《实话实说》中崔永元的主持风格可谓是能让"实话"像笑话一样动听，运用机智的应对能力让"实说"像聊天一样放松。他的主持不但善于归纳引导、谈吐风趣幽默，而且还能吸引嘉宾和现场观众快速进入状态，能缓解对方情绪，消除紧张气氛和让场外受众产生兴趣。其独特的主持风格和话语特点更是《实话实说》备受关注、成为经典的根本所在。

广播电视语言要做到通俗易懂，不像书面语那样文绉绉，要富有口语化色彩，才能使受众感到亲切。所以播音员主持人在播音、主持节目的过程中要谨记这一点，语言要以生动、自然为目标，但是也不能零碎、杂乱，节目主持中的语言虽然是源于生活的，但又不等同于生活，必须高于生活。节目主持中的用语要精心设计、巧妙加工但不能脱离口语化，在用词上要做到准确精练、一针见血，留给受众无限的美感，同时也要针砭时弊，富有内涵，耐人寻味，口语表达速度上可以不讲究句式的完整和语法严密，口误最好控制为零，同时在叙述上不能杂乱无章，要做到富有逻辑性，一环套一环，不漏痕迹地逐渐深入。著名主持人水均益曾经说过："我们所说的'口语化'绝非指淡而无味，对于主持语言，一是平常但不能平淡，要精彩，二是平淡要有内容，每一句话力争做到'言之有物、言之有趣、言之有益'。"

质量与品位、艺术性与典型性的语言是广播电视语言所讲究的。播音员主持人对受众的语言起着示范性的作用，必须要有语言的规范意识、示范意识。在播音、主持节目的过程中，应对那些俗气、流气、铜臭气和带有低级趣味的新词新语、网络用语予以清除，对于外来语和生造词也不能随意滥用，与此同时，对于那些装腔作势、盛气凌人、浮于表面的语言现象也要予以杜绝。我国很多著名的、成熟的、受人敬佩的播音员主持人都是在苦练语言基本功的基础之上的，最终找到自己的风格，形成了自己的语音特色，使得人们听其声便知其人，如中央电视台新闻播音员罗京、邢质斌和节目主持人董卿等，他们的声音风格迥异，但是却能得到不同年龄、不同阶层人们的喜爱，这与他们出众的语言驾驭能力、语言艺术水平是息息相关的。

（三）平衡调控能力要稳定

播音员主持人的平衡调控能力表现在以下两个方面。

一方面体现在对自己的控制。播音员主持人是社会中的个人，与其他人一样，有七情六欲，也有喜怒哀乐，但是这些情绪是不能在节目中体现的。在播音或录制节目的过程中，应首先排除这些不良情绪的干扰，调整好自己的心态，保持高昂的工作激情和饱满积极向上的情绪，将自己的注意力集中在节目内容中，心中装着受众，全身心地投入到播音、主持节目的工作中。作为中央电视台最重要的新闻节目，《新闻联播》的播音员需要遵守相当严格的规章管理制度，直播时间，播音员的工作要优先于家庭和个人生活，再急的事也急不过直播。如中央电视台《新闻联播》主持人李瑞英就曾在采访中透露这样一段故事。有一次，在上《新闻联播》的前 15 分钟，李瑞英接到了家人的电话，儿子不小心摔了，满脸是血，李瑞英当时脸色都变了，领导关切地询问她出现了什么状况，李瑞英却说没事，"我不能再把家人给我说的复述一遍，不然我会控制不住情绪"。而《新闻联播》的主持人并不是在播完之后就可以回家。李瑞英透露，《新闻联播》完全就是军事化管理，24 小时都有人值班，交接班也是非常有讲究的，"如果和我交班的同事还未到，我就不能卸妆，必须一直等着他，以避免有突发新闻，主持人出现真空"。李瑞英笑称，给家人说得好好的几点回家，但经常都会迟到。❶ 可见，播音员主持人由于工作的特殊性，相比较他人应该更需要对自己情绪的调控和把握，尽力保持自己在镜头前的最佳状态。

　　另一方面体现在对节目的控制。在录制节目的过程中，一般情况下，节目都会有一定的弹性，节目主持人可以"自由地"在现场发挥出自己的水平，但是与此同时不能忘记自己的责任，在围绕节目主题调动受众积极性的同时，不能受其左右，要始终告诫自己以公平、公正、客观的态度表达思想和观点或者将问题留给嘉宾或专业人士评判，不能偏颇。江苏卫视的《人间》栏目自 2007 年 3 月开播以来，收视率一直在同时段所有节目中保持前列。由于《人间》是一档情感类栏目，栏目所选择呈现的故事均为有悬念、有戏剧冲突的情感故事，这就对主持人的控制能力提出了非常高的要求，稍不留神就容易被嘉宾激烈的情绪所左右，进而失去对节目的把控。但《人间》栏目的两位女主持

---

　　❶ 人民网 . 李瑞英揭秘《新闻联播》不为人知的事［EB/OL］.（2009-06-07）［2020-04-25］. http://cppcc.people.com.cn/GB/71578/9425970.html.

人周舟和赵丹军却在节目里充分地表现出了沉着、冷静的主持风格，尽可能地保持自己理性的风格和公正的判断，适时地对嘉宾和话题走向进行引导，避免了情感节目"沦为"烂俗煽情节目的可能。

（四）随机应变能力要灵活

作为播音员主持人，要有灵活的随机应变的能力。播音员播音时，如果稿件有小语病，或者稿件不是那么朗朗上口，而播音员没有随机应变的能力，依旧跟着稿件念，就会影响到节目的节奏和效果，对节目造成很大的影响，对播音员自身形象也会产生较大的影响。主持人在现场主持时，必须要做到眼观六路、耳听八方，一旦现场出现什么突发状况，主持人要迅速调整好情绪，及时想好策略救场补台，快速挽回局面。

在播音主持的过程中，难免会发生突发情况，这些情况是不可控的，但是如果播音员和主持人巧妙地、及时地处理好，即使是突发情况也是可控的，甚至会因此给节目增光添彩，受众对播音员主持人的敬佩和喜爱之情也会随之增加，但如果处理得不好，不仅会使整个节目陷入尴尬失败的局面，还会对播音员主持人个人的名声造成影响，严重的甚至影响到以后的播音主持事业。所以，播音员主持人是一项很有挑战性和创造性的工作，播音员主持人要重视培养自己的随机应变能力。优秀的播音员主持人在面对意外情况时沉着应对、临危不乱，不仅能有效地化解危机，更可能把危机巧妙变为转机，让观众领会到他们的智慧、幽默和从容。即使再有瑕疵，观众也能理解主持人的良苦用心。或许，许多优秀播音员主持人的应变能力能给我们带来不少启发。杨澜有一次在采访易中天教授的节目中，主持得流畅自如、临危不乱，既掌控全场，又与受访者密切配合，不但使节目顺利完成，还能与易中天聊得很开心，"大将风范"尽显无疑。杨澜还有另一段主持佳话广为传颂。有一次杨澜在下台阶时不小心摔倒，当时非常尴尬，但她依然快速反应过来并镇定地说："真是人有失足，马有失蹄呀。我刚才的狮子滚绣球的节目滚得还不熟练吧？看来这次演出的台阶不那么好下哩！但台上的节目会很精彩的，不信，你们瞧他们。"话音刚落，会场就爆发出热烈的掌声。这段即兴主持不但为自己缓解了方才摔倒的尴尬，更显示出了她非凡的口才和应变能力。中央电视台主播康辉在一次播新闻的途中，鼻涕却不合时宜地流了下来，但是康辉并没有表现出丝毫的慌张，也没有在镜头前擦掉鼻涕，而是临危不乱地播完整一则新闻，直至镜头切换。如此镇定自若的敬业表现，赢得了广大网友的称赞。"以不变应万变"，堪称典范。

　　成为一个优秀的播音员主持人并不是一蹴而就的，要想胜任自己的工作，不仅要有扎实的专业知识和技能，在实践中苦学苦练，还要从各方面培养自己的能力，成为知识渊博、全方位发展的复合型人才，为我国的广播电视事业的发展输送合格、优秀的播音员主持人。

第三节　播音员主持人气质性格的差异化

一、气质与性格的定义

（一）气质的内涵

　　所谓气质，与我们常说的"脾气""秉性"有相似之处。如有的人话多外向，有的人话少内向，有的人做什么事都是风风火火，有的人做事情却如春雨一般润物细无声。人和人之间之所以会有这些差别，都是因为人与人之间气质的不同。

　　气质与遗传因素有关，某些气质特征随着人的出生就能表现出来，是人格结构中比较稳定的成分，它是个人所经历的心理过程的强度（如情绪体验的强度、意志努力的程度）、心理过程的速度和稳定性（如感知的速度、思维激发的速度、注意力集中的时长）以及心理活动的指向性（如倾向于外部事物还是内心世界）等方面特点的总和。气质影响着活动的一切方面，具有某种气质的人即使在不同的活动中也能够显示出具有相同性质的动力特征。如一个具有情绪激动气质特征的学生，其气质特点即使是用不同的速度对微弱的刺激也能产生情绪反应，这一特点会在他学习生活中的各个方面都反映出来，如每逢考试便很激动，观看比赛情绪时会激动等。由此可见，一个人的气质是不以人所参与的活动内容及其目的等情况为转移的，它是人天生的、自然的特性，如有些婴儿天生安静，看到陌生人会啼哭；而有些婴儿好动，看见陌生人会好奇、会观察等。

在这里我们需要区分一下气质和气质美两个概念，它们分属于不同的领域，气质属于心理学领域，而气质美是社会学的概念。人生下来就能表现出某些气质特征，但是在后天的发展过程中可以产生变化。而气质美首先是表现在丰富的内心世界的，它是通过一个人个性、言行、态度等表现出来的，先天的气质经过后天的打磨，才会形成气质美。

（二）性格的内涵

心理学巨匠威廉·詹姆斯曾说过："播下一个行动，收获一种习惯；播下一种习惯，收获一种性格；播下一种性格，收获一种命运。"态度决定了一个人的行为，行为能决定习惯，习惯能决定性格，性格最终决定命运，态度、行为、习惯、性格、命运之间有着密不可分的关系。性格就是一个人在长久的现实生活中，逐渐对现实持比较稳定的态度，并且使自己的行为与态度相适应，从而使行为方式固定习惯化。不同的播音员主持人往往都有不同的性格，我们很难去想象让崔永元或白岩松理非主流发型，手比 V 字，在《幸运 52》的窗口大声狂呼"恭喜你，答对了"，这会让他们很不自在；同样地，当李咏满脸历史厚重感，深沉地向屏幕道出"欢迎各位关注今天的《焦点访谈》，我们下期节目再见"，一定是十分滑稽的场面。因此，我们或许可以说，独特的性格是播音员主持人身上最鲜明的标签之一。

性格由诚实、虚伪、勇敢、怯懦、谦虚、骄傲、忧郁等性格特征所组成。值得注意的是，并不是任何随意的、偶然的态度和行为都能表明人的某种性格，只有稳定的、习惯性的行为方式才能表现性格特征。如一个人经常有热爱劳动的表现，偶尔在一次劳动中懈怠了一下，那么便不能认为他具有懒惰的性格特征，只有经常在劳动中表现出懒惰才能说明他具有懒惰的性格特征。

性格具有稳定性，研究表明，人的性格并不是一朝一夕就能形成的，而是在社会实践中与客观世界相互作用，从而形成和发展起来的。性格不是固定不变的，它具有一定程度的可塑性，会受到每个人自身的人生观、价值观、世界观的影响，如有的人铁面无私，而有的人唯利是图。

二、气质与性格的类型与特征

（一）气质的类型及特征

根据现有的研究，气质类型可以分成以下几种特征。

1. 感受性

感受性是指人对强度最小化的外界刺激所产生的心理反应能力，是神经系统强度特性的一种表现，人与人之间的感受性存在着差异，并不是所有人的感受性都是一样的。

2. 耐受性

耐受性主要是指人受到客观上的刺激时所能承受的度（尤其指在时间和强度上），以及在刺激之下表现出来的心理状态，它也可以反映神经系统的强度特性。它的主要表现为长时间从事某项活动的情况下注意力的集中性，对强烈刺激（如疼痛、噪声、过强或过弱的光线）的耐受性，在长时间思维活动的情况下保持高效高质的坚持性等。

3．反应的敏捷性

特性主要可以分为两类：一是不随意的反应性，也就是经受各种刺激时所能引起心理的指向性，如不随意注意的指向性、不随意运动反应的指向性等；二是心理反应速度和心理过程的进行速度，如说话时的语速、辨识的速度、记忆的速度、思考的敏捷度等。反应的敏捷性表现出来的主要是神经系统的灵活性。

4．可塑性

可塑性是指人针对外界环境的变化去改变自己行为的可塑程度。主要表现为主体在适应外界环境变化并做出相应改变时的难易程度、行动反应的快慢程度、态度抉择的决断程度等方面，主要反映的是神经系统的灵活性。在适应时容易的、情绪波动小的、行动果决的人更加具有可塑性，相反，适应时困难的、情绪波动大的、态度犹豫的人具有较大的刻板性或惰性。

5．情绪兴奋性

情绪兴奋性是指对外部刺激产生情绪反应的速度快慢的特性。它是对神经系统的强度与平衡性的双重反映。情绪兴奋性强而抑制力弱的人的特点是兴奋和抑制不平衡。

6．向性

向性是指人的心理活动、言语和动作反应是表现于外还是表现于内的特性。表现于外被称为外向性，表现于内被称为内向性。外向性多表现为兴奋过程强，而内向性多表现出的是抑制过程强。

根据上述不同特性结合成不同的气质类型，主要分为多血质、胆汁质、黏液质和抑郁质四种。

1. 多血质

多血质又称活泼型，可归为敏捷好动型。这种气质类型的特征是不随意反应性强、情绪兴奋度高、情感产生迅速且易变、思维反应速度快且灵活。在情绪反应方面，表现为快而多变，但不强烈，情感体验深刻性不足；在行为方面，表现为活泼好动、机敏，但常常持续不久，半途而废。这种类型的人适应力很强、热情健谈，但常有轻率、不忠等不足之处。典型人物代表有赵云、孙悟空、王熙凤等。

2. 胆汁质

胆汁质又称不可遏制型，可归为兴奋强烈型。这种气质类型的特征是外向性、情绪兴奋性高、情感持续持久、抑制力差、反应速度快但不灵活。在情绪反应方面，表现为容易感动，情感强烈，情绪控制能力差，暴躁易怒；在行为方面，表现为积极参与工作和活动，善于创新，陷入困境时拥有强大的毅力去克服。这种类型的人坚持不懈、积极热情、独立创新，但缺乏自控力、粗暴急躁。典型人物代表有张飞、李逵、鲁智深等。

3. 黏液质

黏液质又称安静型，可归为缄默沉静型。这种气质类型的特征是性格内向、情感发生缓慢而微弱、外部表现少、抑制力强、反应速度迟缓、沉默寡言。在情绪方面，表现为冷静、反应迟缓、心境平稳、情感较少外露出来；在行为方面，表现为缄默少语、面部表情变化少，心胸宽广，不拘小节，自制力强，在活动中往往深思熟虑、有条不紊、坚韧不拔。这种类型的人勤勉、坚韧性强、讲求实事求是，但也有可能陷入消极、迟钝、萎靡、怠惰的境地。典型人物代表有诸葛亮、沙和尚、薛宝钗等。

4. 抑郁质

抑郁质又称弱型，可归为呆板羞涩型。这种气质类型的特征是严重内向、性情脆弱、情感发生缓慢而持久、体验深、反应速度慢、柔弱易倦。在情绪方面，表现为比较平静，不易动情，情感脆弱，易神经过敏；在行为方面，表现为反应迟钝、动作迟缓、胆小等。不良心理特征有忧郁、伤感、悲观等。典型人物代表有唐僧、林黛玉等。

气质类型不能说有好坏，甚至相反，每种气质类型的播音员主持人都可以拥有自己的特色和优势。就拿即兴演讲来说，多血质演讲者一般不会出现怯场、忘词等主观上的变故，即使出现也能随机应变；如果出现像话筒故障、听众骚乱等客观上的变故，他们也能做出敏捷反应，行事果决。胆汁质者往往由于自控力差、心气浮躁而在主观上产生变故，出现客观的紧急事件时又容易情绪波动。因此，胆汁质即兴演讲者在出现主、客观之变时，首先要处事不惊、沉着冷静，进而采取正确果断的措施去应对。黏液质即兴演讲者应付主、客观之变时，要尽量想一些新颖、效果良好的应对措施。抑郁质即兴演讲者则要镇定精神，找到原因，首先要做到相信自己，不责怪自身，然后再进一步采取措施。

值得注意的是，这四种类型中的某一种并不能精准地概括现实生活中所有人，多数人兼具多个类型特点，四种类型中某一种的典型代表都只是少数人。因此，可以这样说，每位播音员主持人身上都兼具多种气质，气质在某种程度上是可以实现自我调节的。如 CBS 的著名主持人沃尔特·克朗凯特（Walter Cronkite）在他的节目中给人的感觉是脚踏实地、谨慎小心、沉着冷静、精力旺盛。每当沃尔特·克朗凯特主持的《晚间新闻》播出后，千百万美国人都会默默地说："沃尔特大叔，我们相信您！"但是，这位谨慎和善的主持人在对待"越战"问题上却有着"出格"表现——大胆地发表带有个人倾向的"反战"意见："看来我们可比以往任何时候都更加肯定，越南的血战将以僵局结束。要说我们今天更加接近胜利了，就等于在事实面前相信那些从前一直是错误的乐观主义者。"从沃尔特·克朗凯特身上我们可以看到：他既具有胆汁质的气质，同时又具有黏液质的特质，这与他平时生活和工作中的自我调节是分不开的。其实，在生活中他是一个顽强不屈、一丝不苟的日耳曼式人物，总的来说，他相当冷淡、令人生畏，但是在摄像机前他善于掩饰自己气质中的消极因素，善于自我调节。从知名主持人杨澜主持的两档节目《正大综艺》和《杨澜工作室》中，我们也可以看到随着年龄和阅历的增长，气质在她身上的自我调节与转变的过程。在《正大综艺》中，杨澜具有一种"清新活泼"的女大学生气质，而在《杨澜工作室》中她给人以深沉厚重的知性之感，充满着一种以人为本的人文气息，这与她对节目风格的把握和对自己气质的刻意调节是分不开的。

总之，塑造播音员主持人更多是一种"根雕"艺术。他（她）必须根据个人独特的条件、资质去雕琢，做到因人制宜。"万金油"型的人才未必是一个优秀的播音员主持人。学会扬长避短，善于"藏拙"，才是优秀播音员主持人的必备要素。

（二）性格的类型及特征

性格类型指一类人身上所共有的某些性格特征的独特组合。在心理学研究历程中，心理学家试图为性格建立分类标准，但由于性格是一种极其复杂的心理现象，在众心理学家提出的多种分类学说中，至今还没有一个分类标准得到公认。笔者试图将常见的性格分类进行归纳，有如下几种。

1. 机能类型说

依据性格结构中理智、情绪、意志三者所占比例不同，可将人的性格划分为情绪型、意志型和理智型。

不同性格类型具有不同的特点，归结起来可发现：情绪型的人情绪体验深刻，外部表现明显，情绪易变，不求深思，常感情用事；意志型的人勇敢、果断、坚定，做事积极主动，行为目标明确，自制力强，不易受外界因素干扰，但是也常常伴随着固执、任性或轻率、鲁莽；理智型的人头脑冷静、行事理智，做事受外界因素和情绪波动的影响小。

2. 向性说

根据个体心理活动对内部世界和外部世界的倾向程度，可以把性格分为内向型和外向型两种类型。

内向型的人性格特征主要有安静、沉郁、行事谨慎、优柔寡断、富有想象、动作缓慢、应变能力较弱、不善社交；外向的人性格特征主要有开朗、乐观、不拘小节、独立性强、善交际、适应能力强、健谈。

3. 独立—顺从说

根据个体自身独立性的不同程度，可以将性格分为独立与顺从两种类型。

独立型的人性格特征常表现为：善于独立思考，能够独立地发现问题、解决问题；信念坚定，自信心强，不易受他人的暗示和其他因素的干扰；在紧急情况下能保持沉着冷静，常发挥主导作用，但喜欢把自己的意见强加于人，有时唯我独尊、自高自大。顺从型的人性格特征常表现为：独立能力差，做事缺乏主见，易受暗示，有依赖心；在突发事件面前往往束手无策或惊慌失措。

三、播音员主持人自身的气质及性格特点

播音员主持人是将广播电视内容直接展现给受众的人，往往成为一个国家、省、市、地区人民形象的代表，体现着当地人民群众的精神面貌。受众将播音员主持人视为党和政府的喉舌、代言人，因此，对他们的形象气质要求比较严格。良好的形象气质对提升节目的名牌效应、社会效应具有极大的促进作用，进而推动社会精神文明的建设，与之相伴也会吸引更多的商家投放广告，创造更多的经济效益。因此，形象气质是广播电视节目对播音员主持人遴选工作中不可或缺的重要因素。

对播音员主持人气质类型的要求在不同类型和风格的节目中各不相同。节目气质要与播音员主持人气质相协调，这不仅有利于节目魅力的提升，而且有

利于更好地发挥播音员主持人的长处，取得双赢的结果。例如，中央电视台的《星光大道》是一档草根才艺选秀节目，要求主持人平易近人、气质随和；而新闻节目需要选取严肃端正、沉稳大气的主持人。

在节目观看的过程中，每个观众都会有一种直观体验，那就是气质良好、长相端正、身材匀称、声音甜美的播音员主持人会成为节目魅力的一部分，在提高节目观赏性的同时还能够大大加强传播效果。但是这并不意味着在对播音员主持人的这些天赋条件看重的情况下，忽略对其文化素养、举止风度、思想情操等的考量。无论是作为普通观众，还是身为广播电视从业者，都应该清醒地认识到，气质作为人的天性，不能用好坏进行简单区分。一个人的气质类型不能代表他为人处世的方式，无论什么气质类型的人，都既可能可以成为品德高尚、有益于社会的人，也可能成为道德败坏、有害于社会的人。一个人的成就也不能单就气质而妄下结论，只要经过自己的努力，任何气质的播音员主持人都能在播音主持事业上取得突出的成就，反之则会成为碌碌无为的人。播音员主持人作为广播电视的形象代言人，往往一开口说话或一出现在屏幕上，观众就会评判他们的才智能力、知识水平、修养程度。有的播音员主持人虽然形象气质一般，但在节目进行过程中，凭借丰富的学识、宽广的见识能从容不迫地驾驭出现的意外情况，这种内在修养会带给受众一种力量感、一种可信度，形成一种魅力自然流露在播音员主持人的气质上，使其节目更容易受到欢迎，给受众留下深刻的印象。相反，有的播音员主持人虽有甜美的外貌、不俗的气质，但在节目中因其浅薄的学识、贫乏的阅历导致语言简单重复、思想缺乏深度，甚至话语不合逻辑或常识性错误百出，不仅很容易导致受众产生反感，而且会大大降低节目传播效果。例如，倪萍在主持《综艺大观》时获得了很大的成功，可以说，是《综艺大观》成就了倪萍。她所有的气质优势在那里尽情释放，她的热情与坦诚、敏感与善良得到了广大观众的认可。可是，在她主持另一档节目《文化视点》时却遭到了众多观众的非议。《文化视点》是一档定位较高的谈话类节目，采访的嘉宾都是文化界名流，而倪萍身上那种代表平民的家长里短的亲和力在这里就表现得一般。《文化视点》换的另一个主持人姜丰比倪萍就更适合这档节目的风格。

主持人气质不同，会对其主持风格产生影响，形成较大差异。同是新闻节目主持人，早间新闻与晚间新闻所要求的主持人气质就南辕北辙。一般来说，早间新闻的主持人要求充满清新的活力；而晚间新闻的主持人则要求理性沉稳。如"清晨少女"陈鲁豫的气质就与新闻频道的白岩松大相径庭。陈鲁豫早年在凤凰卫视主持早间新闻节目《凤凰早班车》时，观众称赞说："陈鲁豫有一张'早晨的笑脸'，看她主持的早间节目就像吃玉米片喝咖啡一样的可口舒服。"她清新优雅、平易近人、融合了恬静与活力的气质，为观众开启活力充沛的清新晨间。或许她的气质不能很好地主持晚间新闻，但在动态性的早间新闻中，很少有深度报道，观众不需要尖刻激烈、咄咄逼人的主持人，相反需要一个恬静情新的主持人将新闻报道娓娓道来。而作为新闻评论节目的主持人白岩松就给人一种冷峻感。当然，他那种冷峻不是刻意做作，而是他自身气质的自然流露，是富有内涵和深度的"冷"。试想，白岩松作为早间新闻主持人也许不太合适，没有观众愿意一早起来就面对一张冷峻深沉的脸。

性格虽有好坏之分，但也可以改变，任何一个人的性格都不是从生到死一直不变的。有的人工作积极、勤奋，但固执、傲慢，对人尖酸刻薄，人际关系较差；有的人有工作能力，但工作不踏实，事业心不强，比较懒惰。播音员主持人应该注意良好性格的培养，这不仅对自己有好处，而且对集体也有重要的意义。一个真正领悟工作使命感、具有高度责任心的播音员主持人，不仅能用非常认真的态度对待工作，而且会正视现实，努力克服遇到的种种困难，最终在事业上取得成就。相反，如果性格品质缺失，没有强烈的事业追求，那么就不可能有用之不竭的动力，也不可能有所建树。播音员主持人要不断地了解自己的性格，努力分辨性格中的优劣特点，自觉发挥好的一面，努力改造不良的一面，尽可能地减少性格中的消极因素。

在节目中，播音员主持人能否表现出与节目内容相协调的性格特征，对节目具有不可估量的重要性。例如，江苏卫视《非诚勿扰》自开播以来，在全国几千个电视栏目中长期名列前茅，这在竞争激烈的电视环境中实属不易。栏目中主持人所表现出来的鲜明的性格特征无疑起着核心的作用。

良好的性格特征对增强社会适应能力具有重要作用。有的播音员主持人由于自身性格问题，无法很好地融入所处的环境和集体，总是显得"特立独行"。性格本身对社会适应的意义十分重大，如果不具备与人交际的品质，将无法与他人合作，难免对自己的工作造成困难和障碍。因此，播音员主持人的性格培养应与整个集体、社会的利益相结合，而不是一件可有可无、放任自流的小事。

第四节　播音员主持人人格特征的差异化

一、人格的定义

人格（Personality）源于古希腊语"Persona"，由日本学者将英文译注后直接引入中国。本义是希腊戏剧中使用的面具，根据人物角色和特点的不同而不同，代表着人物性格，就像我国京剧中的脸谱一样，生、旦、净、末、丑表现着各种不同的性格和角色。

最早对人格的定义做过综述的是高尔顿·乌伊拉德·奥尔波特（Gordon Willard Allport），他考察并列举出 50 多种不同的人格定义，并对这些定义进行了归类，其中心理学领域中的定义可以分为六种。①罗列式定义，这类定义把一个人所有的特质的总和称为人格，其实质是把特质不分大小，一律相加；②综合性定义，这类定义强调人格是人各方面特征所组成的一个整体；③等级性定义，这类定义将人的各方面的特征分为不同的等级层次，其最高层次的特征对其他特征具有统合的作用；④适应性定义，这类定义强调人格的功能在于适应社会；⑤区别性定义，这类定义强调人格是一个人独有的特征；⑥本质性定义，这类定义认为人格不仅是人与人之间的不同，而且更是个体具有代表性的典型特征。❶ 在心理学中，人格是探讨完整个体与个体差异的领域。截至目前，由于人格内涵的丰富性，心理学家各自的理解及研究取向不同，因而在人格的看法上有很大差异。综合各心理学家对人格的定义，可以将人格的概念归结为：人格是构成一个人的思想、情感及行为的区别于他人的稳定而统一的心理品质的特有模式。它的基本特性是整体性、稳定性、复杂性、独特性及社会性。

二、播音员主持人的人格魅力

随着现代化传媒技术手段的不断进步，广播电视事业获得了飞速发展，在广播电视中占据重要地位的播音员主持人活跃在当今社会的各个领域，广泛的影响力和频繁的曝光率使传播者与接受者对播音员主持人人格魅力的期待更强，对其职业化水准要求也越来越高。艺术源于生活，但高于生活，播音主持作为一门为老百姓传递信息的艺术，更应紧紧围绕生活，贴近百姓。正如中央电视台主持人白岩松认为的，"电视艺术最后的竞争一定是人格的竞争"。节目良好传播效果的获得离不开播音员主持人的人格魅力，播音员主持人要想赢得受众更多、更久的关注和喜爱，需要不断提升自身的人格魅力，这也是延续自身艺术生命力的重要因素。2009 年 6 月 5 日，中央电视台《新闻联播》主持人罗京因病医治无效在北京逝世，终年 48 岁。作为一位深受亿万电视观众

---

❶ 郭永玉.人格心理学——人性及其差异的研究［M］.北京：中国社会科学出版社，2005：3.

喜爱的优秀电视新闻播音员，罗京以沉稳、自信、大气的播音风格感染了一代中国人，给人们留下了难以磨灭的记忆。节目之外，罗京老师还资助穷困山区的孩子上学，与农民一起下地种田，他诚挚的话语发自内心，凝重的表情没有任何造作，这些无不是其人生观、价值观的自然流露。罗京老师去世后，广大网友自发地在望山设立灵堂，寄托哀思，折射出罗京老师深受观众喜爱的独特的人格魅力。

播音员主持人不仅要塑造屏幕形象，也需要塑造自身独立的人格。但是现实中，为了获取更高的市场占有率和观众收视率，播音员主持人不得不面临两难抉择的问题，或是牺牲自我来适应栏目，或是牺牲栏目来适应自己。第一种电视节目主持人不得不伪装起来，用并不鲜活、真实的形象面对受众，在节目中基本无法由内而外的展现自我，更无法塑造独具一格的人格魅力。第二种电视节目主持人在节目调整后，能最大限度地发挥自己的个性，不断形成独特的人格魅力。例如，深受观众喜爱的白岩松本是新闻记者出身，按照传统标准，他的主持技巧似乎不够专业，但是他通过采访调查掌握了大量事实真相，在报道时拥有独立的人格力量。无论是在演播室作为主持人评论，还是在现实生活中进行时事追踪报道，他始终表现出强烈的发自内心的真实性与主体意识，并在此基础上充分展现了自己的人格魅力。他的成功告诉我们：电视节目主持人在塑造自己人格魅力时要始终坚持弘扬人文精神与生命意义的使命。

每一个成功的节目，都必须体现出播音员主持人的人格特点，展现出他们独有的魅力。没有观众会喜欢千人一面、千篇一律的播音员主持人，得到认可的播音员主持人都具有独特的人格魅力。曾任中央电视台主持人的杨澜在总结自己多年的主持生涯时说："如果说不同节目的成功与主持人之间尚有规律可循的话，我想那就是人格魅力了。"中国传媒大学吴郁教授认为，决定一个播音员主持人最终能走多远、能达到何种高度的是核心素质，如思想、人格素质等。美国全国广播公司（NBC）《每夜新闻》的著名主持人约翰·钱塞勒（John Chancellor）"身材魁伟而颀长，生就一副学者风貌，戴一副牛角边眼镜，花呢上衣，若有所思地喷着雪茄。他待人和蔼可亲，说话有趣，酷爱运动，并是个研究莫扎特和城市建筑的专家……"当然，除了这些外形上的特征和魅力，他从不草率的工作作风和关心新闻的准确真实性的工作准则，使他成为"全国广播公司的良心"的象征。约翰·钱塞勒的外在形象、独特气质所构成的独有的人格魅力以及他的《每夜新闻》，显然是一个风格彼此协调的统一体。难怪有观众说，倒不一定是新闻吸引我每天在这一时刻打开电视，而是新闻节目的主持人吸引我每天一到这个时候就想看到他。❶

　　每一名播音员主持人都应当鼓起追求与众不同、打造个性风格的勇气，勇敢地展现自己的人格魅力。沈力对此曾如是说："生活中每个人都有自己的性格特征，屏幕上也应如此。因为主持人是一个真实的人，而不是模具。他应该有自己的喜怒哀乐。有个性才有活力，才能产生魅力。有个性也才符合生活的真实，增强节目的说服力。"

　　由于播音员主持人工作的特殊性，要求播音员主持人应该有比普通社会成员更高的道德境界和人格修养，在塑造人格魅力的路上，播音员主持人应把对真、善、美的追求和真、善、美的融合作为提升人格的途径，也作为事业追求的境界。正如俄国著名作家马克西姆·高尔基（Maxim Gorky）在《母亲》中写道的那样："人们是为着美而生活在真理和自由之中，谁能更虚怀若谷地拥抱世界，谁更深切地热爱世界，谁就是最优秀的；谁是最自由的，谁也就是最优秀的，在他们身上，才会有最大的美。"具体来说，"真"可以概括为追求真理的优秀品质，它包括播音员主持人对于知识的追求、对于世事的明辨；"善"在播音员主持人的人格塑造中可以理解为播音员主持人的受众意识和人文情怀，"善"使播音员主持人在节目中体现出温情、善良、同情和理解，赋予传

------

❶ 俞虹. 节目主持人通论［M］. 北京：中国广播电视出版社，2004：139.

播以感染力。"美"在播音员主持人人格塑造中体现为播音员主持人的审美价值。播音员主持人理应是美的化身、美的使者，在受众心中应是一个审美容体，能为大众带来审美愉悦感受。❶

总而言之，极具人格魅力的播音员主持人不仅会成为广大观众心目中追随的偶像，而且是一档好节目长期富有生命力的有力保障，更彰显着电台或电视台的品牌价值。现在已经有越来越多的"圈内人士"重视人格魅力的塑造，白岩松提出把"主持"缩小，把"人"放大，山西电视台的李中豪认为："所谓主持人，重点在后面那个人字。"大连电视台的李盛之指出："虽然媒介文化不断促使主持人影像化，但是主持人的生命力恰恰在于他是活生生的真实的人……"❷ 由此可见，播音员主持人需要注意培养自己积极健康的人格力量，不断提高自己的人格境界，发展和完善自身的人格魅力，进而促使自己登上一个又一个的艺术高峰。

三、播音员主持人的个性化

与过去个性长时间受到某些"集体无意识"无情压抑的情况不同，时下中国社会流行着一句口号——"追求个性，活出自我"。时代的变化已经深深地影响了人们的思想和意识，受众在收听收看广播电视节目时，对播音员主持人个性张扬化、风格多样化、魅力独特化的要求也越来越高，在一定程度上也推动着节目、创作主体反观现实，加强对播音员主持人素质的培养和魅力的塑造。然而，我们不能一味地盲目改变，应该时刻注意防止矫枉过正现象的发生，过分地强调张扬个性，往往会取得事与愿违的效果，而且只能降低吸引受

---

❶ 张妍.以真善美塑造主持人人格魅力之我见 [J].新闻传播，2010（7）：72.
❷ 韩湘川.主持人的人格魅力 [J].理论学习，2003（4）：61.

众的魅力。杨澜曾说，主持就是一门分寸的艺术。正如表演要讲究分寸感，过了就会做作，缺了就会夹生，播音主持同样要讲究分寸感。播音员主持人的一言一行都要把握好"度"，做到在节目、观众、自我之间把握最佳分寸，适度表达情绪，言谈举止得体，失之毫厘或许就会产生差之千里的负效应。是否能够得体地把握这个分寸不仅影响着播音员主持人的形象，而且影响着节目的质量，甚至直接影响着传播效果。

节目要求播音员主持人的所表达的"非我"与现实生活中的"自我"是一种对立统一的关系。播音员主持人是融合了一个群体的人格总和与其自身的独特个性而形成的，是客观的"非我"与播音员主持人主观"自我"的有机融合。"非我"体现在播音员主持人不断地突破"自我"、超越"自我"，播音员主持人创作的"自我"是其不断减少和缩小"非我"与"自我"的矛盾的距离，在播音主持实践中、在不断磨炼和追求中形成的播音主持个性。

播音员主持人的气质、形象、语言要与栏目的定位和个性相符合，使自己的声音、形象在这种自然和谐的氛围中传入社会中去。这要求播音员主持人必须具备根据栏目创作集体的意志，调整自己对栏目定位、性质、特点理解的能力。除此之外，还要在增加社会阅历的基础上不断积累知识，与受众用自己的语言顺畅自如地进行交流，体现出栏目的群体个性和符合栏目个性的那部分"自我"个性。以协调"自我"与"非我"的有机联系为基础，充分发挥个人优势，从而形成播音主持特色。

播音员主持人的个性离不开对其播音主持节目的依托，展现"自我"要以"非我"的要求为前提，"自我"魅力的形成也是在"非我"的基础上完成的。比如，《实话实说》涉及各个领域的嘉宾，探讨多层面的话题，主持人只有知识渊博、反应灵敏才能驾驭节目的特点和风格。自身具有很好知识修养、关注问题宽泛的主持人崔永元不仅符合节目的要求，而且很好地展现了自己的应变能力与亲和力、幽默感与良好的语言组织和驾驭能力，恰当地把握个性化的

"度"，展现了独具魅力的"自我"特征。

每个人虽然自从生下来就有着自己的个性，有着自己的审美能力，有着自己的世界观、人生观、价值观，但这些可以随着社会生活、学习工作的变化而变化。播音员主持人随着政治素养、文化修养和审美情趣的提高会不断突破和超越"自我"，使"自我"与"非我"的矛盾和距离逐渐减少或缩小，最后实现"自我"与"非我"的接近或统一，形成独特的播音主持风格。但是播音员主持人个性化打造是一个漫长的积累过程，不可能一蹴而就，不仅需要播音员主持人自身的不懈努力，也需要学术界在播音主持理论上不断实现突破创新以及业界的大胆探索、实践。

第四章

播音员主持人的团队精神研究

第一节　团队精神的概述——概念界定及培养方式

一、团队精神的概念界定

要界定团队精神，首先应明确团队的概念。团队是指在共同目标的指引下，由两个及以上的人所组成的相互影响和相互合作的单位。团队由 5 个要素（5P）组成：目标（Purpose）、人（People）、定位（Place）、权限（Power）、计划（Plan）。团队的宗旨是共担责任、共享利益、共同抵御风险。团队与传统组织有着根本的区别（见表 4–1）。❶

---

❶　石虹．正确理解团队精神，有效实施团队管理［J］．天水师范学院学报，2002（6）：81–83.

表 4-1　传统组织与团队的区别

管理方式	传统组织	团队
决策方面	以领导决策为主，独断专行的情况较多	集体决策及成员参与决策
组织方面	强调严格的分工等级制度，制订硬性规章	职责划分非常灵活，成员彼此平等，行动基准很有弹性
领导方面	强调命令和服从，很少有民主	强调民主和自我管理
控制方面	重视监督、惩罚与强制	强调共同目标下的自我督导
文化方面	重视各个位置、严格执行、绝对服从	重视互相帮助、互相协作、活力热情

　　正是因为上述特征，团队与传统组织相比有了更强的凝聚力、亲和力和组织效率。作为组织文化的一部分，团队精神在团队的运转中发挥了重要的作用，能够帮助团队充分发挥集体潜能。所谓团队精神，是指团队各成员拥有相互协作的意愿和共同的利益目标，为了团队展现强烈的行为倾向。团队成员能够强烈地感受到自己是团队的一员，甘愿将自己的前途与团队的命运关联在一起，在面对个人利益与团队利益的选择时，团队成员坚决地优先选择团队利益，个人服从团队。团队精神的具体表现就是团队成员这种强烈的归属感与一体感，两者主要基于团队利益目标与团队成员利益目标的高度一致，同时制度也发挥了重要作用。通过一系列的制度，使团队及其成员构成高度坚固的命运共同体，团队与其成员在物质和精神上的追求都紧密联系，共同参与治理和决策。

　　具体来说，团队精神的作用主要体现在以下四个方面。一是目标导向功能，即团队所有成员均向着一个大目标努力，而团队整体的大目标也被分解成若干小目标被各个成员完成，既能够提高组织效率，又有效地减少内部的消耗。二是凝聚功能，团队精神通过培养成员集体意识，用共同的信仰、兴趣、动机等文化心理代替行政指令的机械管理方式，引导团队成员产生共同的使命感、认同感、责任感，从而产生一种强大的凝聚力。三是激励功能，团队精神激励成员不断进步，一方面是通过与团队中其他成员竞争和互相学习来提高自己，进而获得团队中其他成员的尊重和认可；另一方面是为了团队的共同目标而不断激励自己。四是控制功能，团队精神所产生的控制不是自上而下的硬性的、短期的控制，而是团队成员因为受到团队精神和团队内部价值观、理念、氛围的影响，从而自觉地规范自身的行为与意识。

为了充分发挥组织的整体效能，大到一家媒体机构，小到一个栏目组，都应努力培养起团队的团队精神。如纪录片《舌尖上的中国》的制作团队，就是一个在团队精神引导下出色完成任务、打造艺术精品的优秀队伍。其实，《舌尖上的中国》团队可以说是一个临时组建起来的队伍，既有导演陈晓卿等中央电视台内部的人物，也有临时外聘的工作人员。如在《舌尖上的中国》拍摄之前，执行总导演、第一集导演任长箴在家里浇花，首席摄影闫大众在拍广告，第二集编导胡迎迎在给公司拍宣传片，第三集编导马羽洁在拍农业科教片，他们当中有些人曾经在中央电视台工作过，但后来转做自由职业者。❶《舌尖上的中国》把这些年轻的电视人重新聚到一起，一同拍摄一部"展示人和食物之间的故事，透过美食来看社会"的纪录片。回顾《舌尖上的中国》历时一年半的制作过程，从前期调研，到框架确定，再到实地拍摄、后期编辑，《舌尖上的中国》团队中的每一位导演、摄像、调研员始终都用一种"敬畏的态度"在做这部纪录片，克服了制作过程中的种种困难，最终将这部代表国内纪录片最高水准的作品呈现在观众面前。浏览《舌尖上的中国》团队的博客"播出前的日子"，可以看到这个创作团队背后的很多故事，如他们边吃火锅边畅谈创作，彼此袒露内心深处的柔软；或者为了捕捉短暂的夏日最佳拍摄光线而连续多日

---

❶ 胡雅君.《舌尖上的中国》何以感到国人［J］.Vista 看天下，2012（14）：50-51.

每早七时开工；以及摄像师在淤泥下拍摄工人挖藕的镜头，每次拍摄完都需要先把摄像机递给摄影助理，然后两个挖藕人把摄影师腿边的烂泥铲掉，再合力把摄影师拉出来，"一个上午能拍三五个镜头就非常了不起了"。尽管拍摄过程十分漫长和艰辛，但《舌尖上的中国》团队为了共同的目标、梦想、信仰，以及对纪录片艺术的不懈追求，深深地凝聚在一起，最终制作了这部十多年来中国收视率最高的纪录片。

二、播音员主持人团队精神的培养

有古语道，"势单力薄联络诸侯""一箭易折，五箭难摧"。没有汉初三杰及勇夫豪杰们的合作，刘邦不可能建立汉朝；没有桃园三结义，卖履小儿怎可能三鼎天下；没有瓦岗排座次，怎能成就褐衣公子。三国时期，曹操手下的张辽、乐进共守合肥。一次孙权发兵十万来攻，二人是五子良将之二，同等功绩，以前素有矛盾，但面对强敌，仍能互补互助，共进共退，终于大破敌军。以上都充分说明了团队合作的重要性，只有团队各部分相互合作、相互依存、相互促进，才能实现共同发展。

对于广播电视的组织来说，既要营造起整个组织的团队精神，也要着力培养组织中每个个体的团队精神。播音员主持人也存在于团队之中，即他们所在的节目组。播音主持行业素有"幕前幕后主持"之分，有学者将主持人称为"幕前主持"，将策划、编导等称为"幕后主持"，幕后主持定基调和思路，幕前主持穿针引线调整节目色彩、节奏和结构，让受众更容易与幕后主持的意图产生共鸣。❶因此可将幕前、幕后看作是一个团队的两大组成部分，只有二者保持密切沟通、遵循共同的目标追求，才能保障节目高质量地顺利完成。而播

---

❶ 曾海燕.侃电视［M］.北京：中国广播电视出版社，2004：52-53.

音员主持人的幕前工作，是整个节目制作的终点，是对节目前期策划、拍摄、剪辑的一个呈现，是实现节目组与观众交流的窗口，因此有人说："播音员主持人以个人形象出现在电视屏幕上或者个人的声音出现在电波中时，代表的不仅仅只是个人，而是一个团队。"❶ 此外，在我国广播电视体制的改革大潮中，播音主持涉猎的职业领域越来越广泛，如新闻采访、策划、编辑等，其发挥的作用也越来越多样，因此，如何有效培养播音员主持人的团队精神对于团队的有效运行、节目的创新发展十分必要。调查发现，在播音员主持人来看，合作精神是播音员主持人最重要的十项素质之一。❷

相反地，如果一名播音员主持人在日常工作中不具备团队精神，总是以自我为中心，不仅会使其职业形象和在团队中的声誉受损，还会影响整个节目的质量。中央电视台前记者张泉灵曾经在一次广播电视交流会上与大家分享了播音员主持人团队精神的内涵与要义。张泉灵说她在给中央电视台出境记者做培训的时候，常常说这样一句话："我们只不过是整个机器上最闪亮的一个螺丝钉，你是为了保障整台机器的运转，而不是让你更加闪闪发亮。"例如，张泉灵曾经碰到过这样的同行：本来导播与记者商量的是 4 分钟的直播报道时间，但是因为种种原因把时间缩短到 3 分钟，导播给记者结束直播的指令，可是主持人却坚决不收，因为事先准备的稿子最精彩的部分在后面，还没来得及说。张泉灵对此有这样的评价："当场很难拿他怎么着，但是接下来他在职业生涯中会失去越来越多的机会，因为你破坏了整个系统""是我的优秀重要，还是新闻主题更要紧？这个位置摆不准，剩下谈媒体责任、新闻价值都是奢谈。"❸ 张泉灵的这段讲话对播音员主持人的团队精神可以说有深刻的见解，播音员主

---

❶ 吴永桂 . 试论播音员主持人应具备的社会责任感［J］. 今传媒，2013（4）：9.

❷ 胡运芳等 .《电视节目主持人职业素质评价指标体系研究》成果汇编［M］. 北京：中国广播电视出版社，1999：194.

❸ 新华网 . 张泉灵：播音员主持人的责任担当［EB/OL］.（2010—09—25）［2021—03—14］.http：//news.xinhuanet.com/newmedia/2010—09/25/c_12602838.htm.

持人只有摆正自身的位置，深刻认识团队大于个人，并且向着团队共同的目标
而努力，才能使得整个节目系统更加有效地运行。

　　影响播音主持节目组团队精神的因素很多，如目标统一性、领导管理能力、
沟通协作方法、组织背景、参与机制、激励政策、技能培训等。其中，有一些
要素始终存在于团队的发展进程中，对团队精神的培养及展现有着较大的影响
力，细化到播音主持行业主要有以下几个方面：①通过合理的制度进行播音主
持团队精神的培养。②树立良好的组织文化、营造相互信任的氛围来培养播音
员主持人的团队精神。③建立播音员主持人的参与机制，通过良好的沟通来促
进团队精神。④通过合理的领导管理来提升团队的向心力。⑤通过激励政策增
强团队成员的主动参与感。⑥利用全方位、多角度的技能培训增强播音员主持
人的团队精神。

　　除了合理制度和机制的建立可以帮助播音员主持人建立团队精神之外，播
音员主持人还应该在日常的工作中不断加强自身修养，努力培养自己的团队合
作意识。播音员主持人作为整个节目组的播出窗口，通常情况下被视作节目组
的"核心""灵魂"。诚然，播音员主持人的名人效应和个人魅力能为整个节
目组加分，但是播音员主持人的工作是建立在整个团队之上的，没有团队的前
期准备工作，播音员主持人的表现也就无从谈起。

　　就当前来看，团队精神主要是经济学、管理学的主题之一，心理学中的相
近概念主要是团体凝聚力、士气等。此外，近年来有关集体效能的研究逐渐增
多，与团队精神也有一定的关联。同时，与团队精神相比，集体效能更强调员
工合作与团体绩效的关系，对于播音主持职业竞争力的增强有重要意义。

第二节　团队精神的表现——节目组的集体效能

一、集体效能与节目组集体效能

20 世纪 80 年代中期，阿尔伯特·班杜拉（Alvert Bandura）将自我效能研究拓展到集体效能领域，他定义集体效能为："团体成员在某一情景中，对于自己的团队结合在一起取得特定水平成绩的能力的共同信念。"❶ 集体效能指的是成员对团体能力的知觉和评价，并非团体能力本身；这一概念集中反映了群体对完成好某一特定任务的预期。

知觉到的集体效能对群体功能的影响在学校教育、企业组织、体育团体、竞技小组、社区暴力和群体的政治活动等领域得到了较为广泛的研究，通过与各应用领域的结合，分别产生了教师集体效能、组织集体效能、社区集体效能、团队效能及政治集体效能等不同的概念。❷ 将集体效能延伸到广播电视节目制作领域，即讨论节目组的集体效能问题，有助于节目组实现集体效能的提升。参照阿尔伯特·班杜拉的一般定义，可将节目组集体效能定义为："节目组成员在某一情景中，对于自己的团队结合在一起完成某个节目制作的能力的信念。"无论是《舌尖上的中国》纪录片制作团队，还是中央电视台《看见》栏目组，每个团队中的成员都对自己的节目抱有坚定的信念，并且愿意为这种信念付出自己的努力。

集体效能对团队行为究竟有何种影响？集体效能提升的意义何在？阿尔伯

❶　BANDURA A. Social foundations of thought and action: A social cognitive theory［M］. Englewood Cliffs: Prentice-Hall, 1986: 391.

❷　石雷山. 集体效能研究述评［J］. 赣南师范学院学报, 2007（2）: 208.

特·班杜拉给出了这样的解释："他认为效能信念主要通过四种主体作用机制，即通过认知过程、动机过程、情感过程和选择过程来影响团体行为的选择、团体目标的设立、团体行为的努力程度和坚持性等团队行为。"❶通过测量和调节团队的集体效能，可以有效地对团队行为进行预测和控制。对节目组集体效能进行研究，也正是为了提升团队行为。

二、节目组集体效能实现的影响因素

自我效能是个体水平，集体效能体现的是集体水平，但二者的影响因素十分相似。节目组团体的成功行为能提升效能信念，可以对将来的结果进行有效预测。反之，效能信念则会降低。因此，要想提升节目组的集体效能，最佳的信息来源就是增加节目组积累的成功经验。《舌尖上的中国》于2012年5月14日十点半开播，连续7天播出。首轮播出的平均收视率达到0.5%，第四集《时间的味道》收视最高，达到0.55%，这个成绩已经达到BBC纪录片所能达到的收视率，并超过了所有同时段的电视剧收视率。❷此外，微博热议、观众口碑也都为《舌尖上的中国》团队积累了前所未有的自信心，而这种自信也促使团队在制作《舌尖上的中国》第二季、第三季时集体效能感的增强，有利于团队后续工作的顺利开展。

节目组增强集体效能信念的又一来源是替代经验。当知觉到与自己情况相似其他团队的成功事实时，也会在一定程度上提高团队成员的效能信念。将替代学习机会包括在内的播音主持职业发展不仅会提高播音员主持人的个人效能，而且会提高全体节目组的集体效能。比如，通过组织节目组成员参观兄弟

---

❶ 姜飞月，郭本禹. 从个体效能到集体效能———班杜拉自我效能理论的新发展［J］. 心理科学，2002（1）：114.

❷ 陈文.《舌尖上的中国》昨收官 收视水平堪比 BBC 纪录片［N］. 新闻晨报，2012-05-23.

单位的节目运作，倾听他人的成功经验和心得体会，不仅能开阔大家的思路，还能给自我评价提供参照。近年来，《中国好声音》《非诚勿扰》《我是歌手》等节目在各大卫视纷纷上演，并且均获得了收视的巨大成功。而这些节目无一例外，均是购买国外成功节目的版权。一方面，国外节目的创意策划和流程设计非常成熟，是吸引观众收视的保证；另一方面，国外节目成功的经验也带给国内各个制作团队以信心，在一定程度上提升了团队成员的效能信念。例如，《中国好声音》的制作团队——星空华文国际传媒有限公司，与播出平台浙江卫视签署了带有"对赌性质"的协议，即收视率越高，星空华文国际传媒有限公司获得的收益越多；一旦失败，造成的损失由星空华文国际传媒有限公司承担。而星空华文国际传媒有限公司之所以敢于签订这样的合约，归根结底是对 *The Voice* 模式的信心以及对自己团队成功完成《中国好声音》节目制作能力的信念。《中国好声音》的成功，还在一定程度上催生了《我是歌手》《中国最强音》等节目的出现，给了这些制作团队取得成功的信念。其实，早在 2011 年湖南卫视就发现并购买了《我是歌手》的版权，但一直以来却因为种种担心并没有付诸实施，直至 2012 年夏天《中国好声音》如火如荼地上演，催生各卫视在"声音领域"有所作为，于是《我是歌手》方案再度进入湖南卫视制作团队的视线。最终，在整个团队的共同努力下，《我是歌手》同样取得了不俗的收视成绩和经济效益。

作为团体信息源之一，节目组接收的社会说服是指来自同行的鼓励或成绩的反馈。但是，社会说服起到的作用大小取决于劝说者的可靠程度和谈话技巧，因此其在提升效能信念方面的作用比较有限，但是如果将社会说服与成功示范、积极的直接经验结合起来，就能对工作团体的集体效能产生必要影响。

此外，集体效能与节目组整体的情绪状态有着较大关系，当节目组面对无数挑战需要解释和应对时，情绪状态对集体效能有着较大的影响。若积极情绪影响着节目组，则会令其更加积极，更容易应对挑战。反之，若节目被消极情

绪所笼罩，则反应极有可能不如以往，从而加剧了失败的可能性。调整节目组
情绪，可以从改变领导方式、改善办公环境、注意节目组成员的性格搭配等方
面着手。湖南卫视曾经著名的金牌制作团队——宋点团队，多年来成功地制作
了《快乐大本营》《勇往直前》《智勇大冲关》等现象级综艺节目。其中，《快
乐大本营》更是成了中国娱乐综艺节目史上不可磨灭的标志性节目。然而，在
《快乐大本营》开播的初期，整个团队只有两三个人，这几个人却要完成请嘉
宾、拍外景、请观众、设计游戏、写台本、剪后期所有的工作，那时团队的平
均工作时间都在12个小时以上，宋点最长一次20天没有离开过办公室。然而，
即便如此辛苦，对当时《快乐大本营》的每一个团队成员来说，仍是辛苦并快
乐着的，也因此这个节目才有了最初的口号——快乐大本营、天天好心情。也
正是因为制作初期的信念，给观众带去更多的快乐、更好的心情，成了宋点及
其团队此后不懈努力的方向。多年来，宋点团队成长成为"一个非常务实、高
效，而且敢于挑战、成长迅速的团队"❶。可见，节目组良好的情绪状态，能够
帮助节目组的每个成员抱以更高的热情和效率，从而提升整个节目组的集体效
能和团队行为，助力节目的成功打造。

第三节　团队精神的实现——自我效能与集体效能的统一

一、在团队中加强自我管理

随着现代社会的发展，许多大型企业和组织开始许可自我管理团队的存

❶ 搜狐娱乐网.崛起背后——湖南卫视八大金牌团队全解密［EB/OL］.（2009-04-07）
［2020-03-27］.http://yule.sohu.com/s2009/4070/s262894951/.

在。❶在电台、电视台等传统媒体机构组织，节目策划及执行权力逐渐下放，大部分节目组都具备了自主管理团队的特征，如"独立确定节目策划、营收自负盈亏"等。这里，将节目组自我管理理念分四个方面进行阐释。

一是节目组具有明确的发展战略。节目组的发展方向必须顺应社会发展的潮流趋势。不管定位娱乐化还是知识性，只有节目组的总体定位发展顺应潮流，组织的未来发展空间才会更广阔。在创作过程中，节目组可能会受到不少暂时利益的诱惑，短期利益与节目组的长远发展往往有着相悖之处，不免会产生消极影响。这就需要节目组自我约束，正确判断利弊，不受不必要因素的干扰，确保节目组发展创作方向的正确性。节目组的前途即是播音员主持人个体的前途，节目组的广阔发展前景是调动播音员主持人工作积极性的基础和前提。二是不断完善节目组内部管理模式，确立良好的组织架构，规定良性的运行机制。具体地说，节目组的每个管理环节都环环相扣，行之有效；在防范失误方面，具备完善的应急措施；在用人方面，给播音员主持人创造一个发挥才能的环境。三是节目组具有自我调适的能力。节目组是社会的一部分，要想发挥好它应有的作用，促进社会发展，不仅要具备克服困难的勇气，而且要根据不断变化的生存环境来调适自己的状态及应对能力，以求更好的发展。四是节目组含有激励机制。激励机制能够将节目组发展动力转化为播音主持的工作动力。每个播音员主持人的工作状态、人格塑造、创造力的发挥等都需要组织激励，从而弘扬团队精神，在此基础上播音员主持人才能主动融入团队文化。现在有些节目组塑造"播音员主持人"的品牌效应，同时辅以特别的激励奖惩机制，已经收到了很好的回报。成熟的节目组对播音员主持人的激励应该是公正公开的常态，同时也应是精神与物质、奖励与惩罚的有机结合。

反过来，播音主持的自我管理表现在两个层面：一是对节目组发展目标、

---

❶ 弗雷德·鲁森斯. 组织行为学［M］. 王垒，等译. 北京：人民邮电出版社，2004：340.

发展理念的认同。播音员主持人要立足本职工作，把实现自身价值和团队追求的集体价值结合在一起，成为节目组目标的实现者。这就必须按照组织的管理目标和管理理念进行自我改造、自我调节、自我修养，逐渐完善自己的职业身份和职业道德。二是对组织文化的认同。从社会学的角度分析，每一个成熟的组织都具备特有的组织文化，它是组织的理念、管理思想、社会定位、人际关系模式等通过长期的发展、积淀形成的。节目组的组织文化是一种生存氛围和无形规范，它对播音员主持人的思想感情、道德行为、处世方式，甚至人生观、价值观都有着潜移默化的影响。播音员主持人的自我管理不仅要接受组织有形的规范，也要接受这种无形的规范，而且这种无形的规范更重要。因此，我们认为，播音主持职业的自我管理贵在自觉、自悟、自醒；组织也应该为成员创造条件，因势利导，用组织文化、团队精神引导他们自觉地进行自我管理。播音主持职业的自我管理与节目组团队的自我管理有机结合，将会有力地推动节目质量的提升，达到个人利益与团体利益的共赢。

由江苏卫视和中国教育频道一频道联合打造的国内首档职场类娱乐真人秀节目《职来职往》，自开播以来收视率节节攀升，在众多职场真人秀节目中脱颖而出。该节目的主持人李响也凭借其极具亲和力的主持风格深受观众喜爱。在《职来职往》的舞台上，李响总是尽可能通过引导职场达人发表意见的方式，为求职者提供小到着装礼仪、面试技巧，大到职场规则、职业生涯规划等各种"求职秘籍"，观众也亲切地称其为"职场辅导员"❶。面对《非你莫属》等其他职场节目的竞争，《职来职往》一直以"立业"为本、注重服务性和社会责任感，并且"通过舞台上的求职过程，求职者与面试官的言论来呈现多元化社会，反映社会现实"。基于《职来职往》这样的定位，一方面，主持人李

---

❶ 中国广播网. 李响为职场秀主持人支招［EB/OL］.（2012-06-26）［2020-03-27］. http://ent.cnr.cn/sytj/201206/t20120626_510019229.html.

响高度认同节目理念，认为"一档好的职场类节目，最关键的是能否做好'服务'"；另一方面，李响不仅在节目中始终贯彻亲民和服务理念，还在多个场合与年轻职场人交流职场心得，并且出版了职场指导书《响聊聊职场》，"第一次讲述最实用最真实的职场经验"，逐渐把自己打造成为资深职场导师。李响的职业发展路径可以说与《职来职往》节目达到了高度的契合度，李响的个人影响力与节目影响力相辅相成、相互推动，实现了主持人个人职业发展与节目良性发展的互利共赢。

二、加强个体与团队的统一

有研究者发现，军事演习中，在变革型领导上得分高的排长所领导的排更有效能，表现得更好。那些中尉和军士之间的关系无效的排，即集体效能低的排，在富有挑战性的演习中几乎完全被击垮，根本无法成功完成任务。因此，领导力和集体效能对最终的绩效影响很大。

这一案例说明了集体效能的重要影响作用，转化到播音主持行业同样如此，但是，集体效能作为整体属性，自我效能作为个体属性，遵循着"整体大于部分之和，整体决定着部分的性质"这一团体心理规律，不能将二者混为一谈。播音员主持人的自我效能与节目组的影响因素不完全相同。

有两种方法来测量节目组集体效能。一是将策划、编导、播音主持等成员承担团体任务的自我效能整合在一起。二是将每个节目制作人员对节目组作为一个整体的操作能力的评价结合在一起。

鉴于社会立场的客观因素及彼此依存的主观因素，个体对自我效能的判断无法摆脱他人的促进或阻碍行为。集体效能的这两个指标对个人因素和社会互动因素分别有不同的侧重，但由于糅杂在一起，并不易区分。例如，一名体操队教练在判断自己的个人效能时，不可避免地要涉及体操队的人员组织情况、现场意外情况，以及他们作为一个整体进行比赛的情况。正如每一个播音员主持人面临的情况一样，播音主持职业自我效能的判断无疑与节目组的协调和交互作用交织在一起，他们的出色发挥有赖于好的策划、好的编导、好的摄像还有好的导播，播音员主持人在台前的时候，要考虑节目组整体的状态。反之，在判断节目组的效能时，制作团队当然也要考虑"当家播音主持"的发挥情况，特别是在广播电视节目越来越倚重品牌效应的今天。

　　进一步分析，所需相互依赖的努力情形很大程度上决定了集体效能的这两个指标的相对预测性。例如，体操队的成绩是每位队员独立得分的总和，足球队的成绩则是队员们进行复杂合作的结果。任何存在问题的薄弱环节，或者一个子系统的瘫痪，都可能产生无法预估的严重后果，不管队伍中是否有天才成员。在子系统相互依赖的活动中，成员可能彼此互相鼓舞、激励和支持，但团体结果是个体成绩之和而不是成员一起工作的产物，如多人轮换播音的情形，对每个人的自我效能都有很高的要求。❶ 基于整体指标的集体效能最适合于作业成绩必须由熟练团队工作才能获得的情况，如现场报道，需要现场多个个体和部门达到比较高的默契，每个人对这个团队都有很高的期望。因此，播音员主持人在工作中，既应注重自我效能的提高，也要与团队其他工种密切合作进而实现集体效能的提升。

　　2011 年 8 月 23 日上午，中央电视台新闻频道《新闻直播间》栏目直播，女主播李文静在播报"渤海海域溢油事件"时，话语未完便被导播掐掉，新闻画面也切换成其他宣传片。导播反应过来后，将镜头切换回主播台，李文静无奈的表情被直播出来，"条件反射似的用手指点了点镜头"，像在提醒导播。由于是直播，经验丰富的李文静随即调整好情绪，继续播报下一条新闻，"好，

---

❶　BANOURA A. Exercise of human agency through collective efficacy［J］. Current Directions in Psychological Science，2000（9）：75–78.

接下来我们进入'走基层'系列报道……"李文静作为 2011 年的金话筒奖得主，专业素养自然不用说，但"哈欠门"等事件却多少影响到了其在观众心目中的形象。而这两次"事件"，均有导播的失误在其中。可见，节目的成功既需要播音员主持人具备良好的专业素养和快速的应变能力，同时也需要整个团队的密切配合，如此才能保证节目的高质量和高水准。

播音员主持人的个体心理研究

第一节　播音员主持人的职业压力量表编制及结果分析

一、播音员主持人职业压力量表编制的意义

压力是人们心理上容易出现的一种社会现象。压力的完整定义是个体对在环境中受到的威胁有所知觉或对未来可能发生的不安有所预期，因而对机体产生刺激、警告或使其活动。在人们适应调整新环境或困境时，容易产生压力，如事业受到挫败、恋爱不顺利等。同样，令人愉悦的事件和环境中也容易产生压力，如升职、加薪等。在当下快节奏的社会生活中，由于科技的迅速发展、事业岗位的激烈竞争、机制体制的大幅变动，每位工作者都感受到了不同程度的压力。通过分析不同研究者对工作压力的定义，我们可以发现：工作压力源和个人特点是人们产生工作压力的两个重要因素。综合起来，在工作条件和个人特点的相互影响下，产生了工作压力的结果。而工作压力又会反向影响人们正常的心理和生理功能。

从 20 世纪五六十年代开始，管理学中开始提倡人文精神。随着大环境的发展，不仅管理学中开始注重工作压力因素，健康学、组织学、心理学等领域都在工作压力方面开展了丰富、广泛的研究。通过研读关于工作压力的研究成果，笔者注意到：压力会对工作者的个人健康和所在的组织都产生负面影响。一方面对工作者的健康而言，可能造成很大的伤害（大约 50% ~ 80% 的疾病都是心理躯体疾病或是与压力有关的疾病）。另一方面对组织而言，容易出现员工不满、缺勤、离职等消极现象。由于工作压力的重要影响，西方学者已经对该问题做了大量的研究，但是，我国对工作压力的研究才刚刚起步，目前也主要集中在师生、医患、管理层与职员、警察等领域，尤其是集中在有关教师压力的调查研究上。如 1998 年，徐长江对黑龙江省三所中学的教师进行调查，发现在教师群体中，认为压力过大的比例达到 52.1%。2002 年，邵光华、顾泠沅调查分析了国内青年教师的压力占比，结果显示高达 91.9% 的青年教师认为自身职业是有压力的，同时有 62.7% 的青年教师认为自身职业具有压迫感。另外，其他职业的代表性研究还有，王成义对大学生压力调查表进行改编，而后在济南市 3 所不同类型学校的工业类、师范类和艺术类专业中选取了417 名学生进行调查。结果表明，大学生的压力得分最高的选项是就业，其次是学习。❶赵然，方晓义选择了山东省 6 所三甲医院的 599 名护士，利用护士工作压力源量表、A 型人格问卷和综合健康问卷（GHQ—20）进行问卷调查，结果表明，A 型人格的护士工作压力更大，心理健康水平更低，A 型人格和工作压力对心理健康有预测作用。❷蒋奖等人采用 Maslach 工作倦怠量表——服务行业版、职业压力指标问卷中的压力源分量表和 A 型行为问卷对来自国内6 个省份的 252 名警察进行了调查，发现 A 型行为和压力源中工作负荷、人际

---

❶ 王成义.大学生压力状况的调查研究［J］.中国健康心理学杂志，2005（4）：27.
❷ 赵然，方晓义.护士工作压力、A 型人格与心理健康的关系研究［J］.中国临床心理学杂志，2005（2）：153.

关系、角色冲突等是警察工作倦怠的主要影响因素。❶

　　播音员主持人，一个压力来源较多、压力强度较大的特殊职业群体，不仅要承受与其他职业同样的压力，如工作负担压力、职业声望压力等，而且还承受着由播音主持职业特殊性所带来的压力。首先，组织和工作特点会给播音员主持人带来压力，社会在赋予他们光环的同时，对播音员主持人也有很多客观的要求，如对播音员主持人在公众面前树立并维持良好形象的要求等，同时，媒体收听或收视率的高低也与播音员主持人息息相关，所以媒体对播音员主持人的选择也是特别挑剔的，这些就给播音员主持人带来了很大压力；其次，自身因素也是感受到压力的一个来源，有的播音员主持人会因自身条件与扮演的角色的要求有差距而产生烦恼，有的也会因感受的"光环"与其他社会角色反差太大而产生严重的不适应；最后，观众的评价也会给播音员主持人带来无形的压力，使他们不得不时常提醒自己注意所讲的每一句话、所做的每一件事是否得体，久而久之，这些压力的累积会让他们的心理负担加大，以致产生厌烦等不良情绪。但是，现在国内关于播音员主持人压力的系统研究还很少，更别提制订出详细的关于播音员主持人的压力量表。为了弥补这一现状的缺失，本研究运用科学的方法编制了播音员主持人压力量表，以便为该领域的研究提供更加有力的测查工具。

二、压力量表编制的步骤

（一）量表的编制

　　整个量表由 52 道题目构成。每道题目采用自陈量表的形式让播音员主持

---

　　❶ 蒋奖，张姝玥，许燕. 警察工作倦怠与 A 型行为、压力源的关系 [J]. 中国心理卫生杂志，2005（3）：207.

人对真实的自己进行描述，并采用四级记分法：很符合（0分）—较符合（1分）—较不符合（3分）—很不符合（4分）。如这样一道题："工作量大，感到疲劳"如果与被试者的感受完全一致，就选"很符合"这一选项；反之，如果被试者感到工作量适当，很轻松，就选"很不符合"这一选项。部分题目举例如表 5-1 所示。

表 5-1　播音员主持人压力量表项目举例

题号	测试题内容	答案			
		很符合	较符合	较不符合	很不符合
2	工作量大，感到疲劳				
8	工作有时候令人无所适从				
10	改革令人不太适应				
17	所学专业与现在的工作不一致，感到工作吃力				
18	继续深造和学习的机会太少				
25	新改革对节目的要求越来越高				

（二）试测

本研究主要从北京人民广播电台抽取部分播音员主持人进行测试，并用 SPSS 统计软件对结果进行了统计。通过对数据进行相关分析发现，量表第 49 题与题目总分相关不显著（$r=0.076$，$p=0.573$），予以剔除；另外，通过对数据进行因素分析，我们删除了一些共同性和因素负荷没有达到标准的题目（第 1、4、5、7、11、9、10、11、12、13、14、16、17、18、19、20、22、23、23、25、29、30、32、33、34、37、38、39、42、43、44、45、46、48、50题），修改后的总量表由原量表中的 18 道题目构成，含有 6 个因子，其具体结构如下。

（1）工作动机因子（共 5 道）：第 8、15、26、27、28题；

（2）领导安置因子（共 3 道）：第 17、47、50 题；

（3）工作负荷因子（共 4 道）：第 2、3、6、36 题；

（4）竞争因子（共 2 道）：第 40、41 题；

（5）评价因子（共 2 道）：第 31、35 题；

（6）职业发展与晋升因子（共 2 道）：第 18、21 题。

三、压力量表的测量学分析

为了考察试测后播音员主持人压力量表的适用性，本研究主要从北京人民广播电台等抽取共 57 名被试进行测试。57 名被试里，播音员占 8.7%，主持人占 47.8%，播音员和主持人占 43.5%；男性占 40.0%，女性占 60.0%；从文化程度来说，初中占 1.8%，专科占 1.8%，本科占 53.6%，硕士占 42.9%。工作年限的平均数和标准差为 4.37 和 6.621。

（一）区分度分析

通过计算每个条目与量表总分及每个因子总分相关来判断区分度状况，结果如下：每个条目与总分之间的相关在 0.461 ~ 0.707，$p < 0.01$；工作动机因子条目 8、15、26、27、28 与该分因子总分的相关在 0.802 ~ 0.856，$p < 0.01$；领导安置因子条目 17、47、50 与该分因子总分相关在 0.786 ~ 0.877，$p < 0.01$；工作负荷因子条目 2、3、6、36 与该分因子总分相关在 0.657 ~ 0.826，$p < 0.01$；竞争因子条目 40、41 与该分因子总分相关在 0.924 ~ 0.941，$p < 0.01$；评价因子条目 31、35 与该分因子总分相关在 0.920 ~ 0.930，$p < 0.01$；职业发展与晋升因子条目 18、21 与该分因子总分相关在 0.892 ~ 0.915，$p < 0.01$。

（二）信度分析

1．内部一致性信度

为了考察问卷各因子的内部一致性，以 Cronbach Alpha 系数作为该量表的内部一致性信度指标，结果如表 5-2 所示。

表 5-2　各分量表的内部一致性信度系数

因子	工作动机	领导安置	工作负荷	竞争	评价	职业发展与晋升	总量表
内部一致性信度	0.8842	0.7993	0.6944	0.8467	0.8301	0.7722	0.8689

从表中数据可以看出，该量表具有很高的内部一致性信度。

2．分半信度

从本问卷的 6 个因子中分别抽出一半题目，将整个问卷及 6 个因子分为两部分，分别计算其分半信度，结果如表 5-3 所示。

表 5-3　各分量表的分半信度系数

因子	工作动机	领导安置	工作负荷	竞争	评价	职业发展与晋升	总量表
分半信度	0.8497	0.8371	0.6344	0.8507	0.8311	0.7752	0.8432

从表中可以知道，本量表及其分因子都具有较高的分半信度。

（三）效度分析

1．结构效度

如图 5-1 所示，第一个因子特征值达到 5.665，联合解释率为 75.59%。

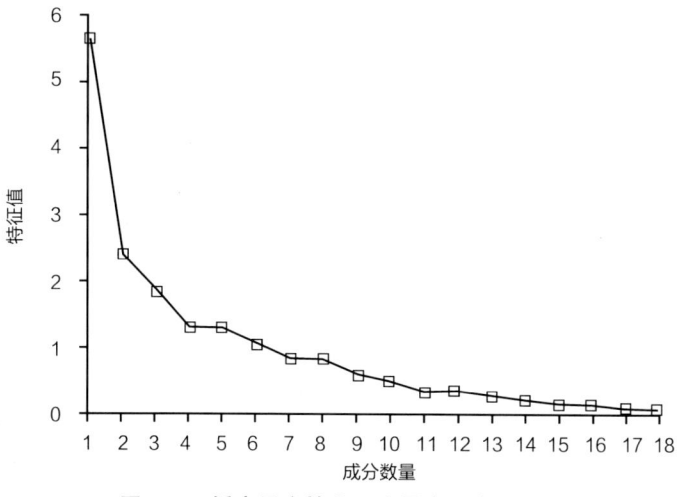

图 5-1 播音员主持人压力量表因素陡坡图

由因素分析的最终结果，我们还可以得出各个条目的因素负荷在 0.475 ~ 0.894。

2. 效标效度（见表 5-4）

表 5-4 转轴后的成分矩阵

感统因子	成分					
	工作动机	领导安置	工作负荷	竞争	评价	职业发展与晋升
工作有时候令人无所适从	0.855					
无权参与台里的管理	0.833					
工作缺乏成就感和新鲜感	0.792					
难以获得各种荣誉	0.757					
单位奖惩制度不合理	0.711					
所学专业与现在的工作不一致，感到吃力		0.870				
领导对播音员主持人缺乏信任		0.837				
领导不重视，不关心播音员主持人		0.721				

续表

感统因子	成分					
	工作动机	领导安置	工作负荷	竞争	评价	职业发展与晋升
工作需要耗尽我全部精力			0.796			
工作量大，感到很疲劳			0.738			
播音员主持人的社会地位仍然不高			0.578			
难以迎合受众的口味和兴趣			0.475			
考核后按成绩排队				0.894		
同事对我的态度				0.813		
各种考试、评比太多					0.867	
对播音员主持人进行较多量化考核					0.810	
职称评比和晋级条件多，限制死						0.856
继续深造和学习的机会太少						0.764

四、压力量表的测试结论

本研究通过试验阶段和正式阶段的严格施测，基本初步实现了播音员主持人压力量表的建构。同时，根据验证性因素分析显示，该量表的整体结构较合理，内部一致性信度（0.6944～0.8842）和分半信度（0.6344～0.8507）较好，可以达到心理测量学的标准；效度研究表明，该量表具备较好的结构效度和效标效度。综上分析，本量表的信度及效度真实可靠。在实际中，本量表可以为研究者所用，可以承担起测量播音员主持人压力基本状况的调查分析作用。

但受到各方条件限制，本次编制的量表还有一些不足。首先，样本的数量还须进一步扩大。本次研究只在几家国内电台按例抽选部分样本进行试验和正式测试，如北京人民广播电台等，因此抽选样本的区域代表性有待提升。其次，随着媒体节目，特别是电视节目的增多，主持人越来越多的面临节目改组的压力，电视节目主持人与广播节目主持人相比，在主持过程中不但有着表演的压力，还需要具备随机应变的能力。所以，电视节目主持人也应该作为一个主要的样本来源，这点不容忽视。最后，本次研究重点在于编制，还需要对个别的题目进行进一步的修订才能达到具有良好结构的科学化量表的标准。

第二节　播音员主持人心理压力研究

一、简述播音员主持人的心理压力

2007 年，罗京被评选为"央视十大优秀播音员主持人"，这是他第三次获此荣誉。纵观历届优秀播音员主持人的获奖名单，《新闻联播》的播音员总会出现其中。这既肯定了他们出色的工作，同时也表明了他们在《新闻联播》节目中承担的责任分量。罗京在 2007 年三度获得该荣誉之后接受了专访，同前两次一样，他每次获奖后的感言无一例外都透着"责任"两个字。

作为《新闻联播》的"国脸"形象，罗京的大方沉稳和严肃可敬让众多观众感到亲切踏实，可作为播音员的他却从来没有"轻松"过。罗京说："从事这个节目首先应该有脚踏实地的精神，因为日复一日重复同样的程序，保持住一种对一份工作的热情、严谨的工作状态，是对我们的一种要求。这个节目对老百姓确实有相当大的影响力，首先它所担负的使命非常重要，同时它又是中央电视台的一个主要的节目，其次多年来观众对这个节目形成了一种思维定式，对节目的要求也在不断地提升，我们虽然干了这么多年，始终感到相当大的压力。工作紧张是经常出现的，因为这个节目是直播的状态，对我们来讲，来得越晚的内容经常是比较重要的。所以，在工作的时候要始终保持注意力集中和良好的工作状态，随时应付任务或者突发的节目内容，我虽然干了23 年，但是每天上班的时候都是如履薄冰的感觉，尤其是重大新闻发生的时候。"

在罗京的表述中，他认为自身压力的主要来源是节目的重要性。不能出错的客观要求让播音员产生较大压力，如何缓解焦虑、调整状态、控制自身压力，除了掌握技巧、熟练经验等外在方面，更重要的还是把握心理状态。罗京从事播音工作多年，具有丰富的经验和熟练的技巧，但最终决定他的往往是当时所处的心理状态。而在人生理周期的变化下，心理状态也容易呈现周期性变化。因此，这要求播音员无论心理状态好坏，都要调动自己最大的积极性和精神头完成手头工作，从而对工作状态进行维稳，这是播音员很重要的一个考验。

在当前中国的复杂环境下，播音主持群体作为政府的喉舌，需要保持较高的政治意识，践行严格的职业道德。同时，受市场经济发展的影响，媒体"营销"时代不断推进，作为媒体焦点的播音员主持人被过度的包装，也加入了当下的造星运动，他们时常被置于"责任"与"利益"之间，承受着巨大的压力。再者，当今媒体过分追求收视率，纷纷出奇出新，加速节目的更新换代，很多节目为追求时效性，酝酿期缩短，节目立项后需要马上推出，这对播音员主持人的压力是不言而喻的。

还有学者认为，压力是随着可预测的生理变化、生物化学变化和行为变化的一种负性情绪体验，这些变化有的是环境的改变，有的是应对压力所导致的后果，其目的是减轻压力，或者是对压力的适应。❶总之，在当下的社会环境中，在个体与社会交互作用下，较大的压力有可能威胁身心健康。

在社会学、健康学、心理学范畴内，压力一直是研究热点。有学者研究发现，与正性的压力事件相比，负性事件容易使人们产生较大的心理压力和较强的生理反应。将得到一张中奖彩票和拿到车辆违章罚款单的心理感受相比，后

---

❶ BAUM A. Stress, intrusive imagery, and chronic distress [J]. Health Psychology, 1990（9）：635-675.

者更易给个体带来心理压力。此外，模糊不清的事件比清晰的事件更让人有压力，如人情冷暖的反差往往会使播音员主持人的工作生活产生较大压力。相对于可预测和可控事件，无法预测的事件或不可控的事件更容易给人们带来压力，如播音员主持人遇到突发新闻时要比做常规节目压力大得多。相对于可以解决的事件，无法解决的事件对人们来说意味着更大的压力，播音员主持人能否有效地解决来自家庭、工作以及社会的压力，往往决定着其工作的成败。

二、播音员主持人心理压力的来源

有人通过问卷调查进行过一项研究，依次列出了前十位的压力因素，具体如表 5-5 所示。❶

表 5-5　前十位压力因素

序号	压力因素	序号	压力因素
1	个人财务状况	6	子女
2	职业	7	孤独
3	太多的责任	8	性
4	婚姻	9	亲属
5	健康	10	邻居

分析发现，家庭和工作方面的压力是两大主要压力来源，其他压力则是这二者派生出来的。在与播音员主持人的访谈中，也证实了上述观点，因此下文对播音主持的压力及其缓解途径的讨论也主要基于这两个方面。

（一）来自家庭的压力

夫妻　由于播音员主持人工作具有特殊性，工作时间无法确定，长期出差

---

❶ 戴维森.应对压力［M］.罗汉，译.上海：上海三联书店，2004：26.

或夫妻分居等都会对婚姻带来不利影响。作为公众人物，他们的言行完全曝光于社会的监督下，一言一行都有可能引起广大受众的评价，本该是属于自己私人世界的家庭生活也需要倍加小心地去维护，这也常常成为他们烦恼的源泉。由于以上原因，播音员主持人的离婚率居高不下，已引起社会的重视。

子女　在子女的问题上最能体现家庭和工作的矛盾。和普通人一样，播音员主持人既要保证子女生活必需的物质条件，还要花费大量时间帮助培养孩子的人格和价值观，这都需要时间的保证。而事实往往是，孩子成长的"关键期"恰好是他们事业的"黄金期"，这必定会给他们带来烦恼，如何在家庭子女和工作之间恰当地协调和权衡，需要一定的技巧。

财务状况　控制支出是减轻家庭压力的第一步。根据相关部门公布的数据，播音员主持人的收入已经属于我国社会的中上阶层。但由于工作需要，他们往往需要面对高消费的生活模式，如置装费等，这让他们承受了来自经济方面的压力。普遍观点认为，因为人们的寿命正不断延长，加上生活消费水平不断增涨，财务计划显得尤为重要。

家庭日常生活琐事　家庭日常的小的压力事件，如安排生活起居、做家务等，都会对人们产生累积的负性影响，再如当采访到鲁健时，他就坦然地回答自己和爱人由于工作时间的不一致，经常一个刚回到家，另一个要出家门上班。在这些小的压力事件中，最容易让人产生人际交往冲突。

（二）来自工作的压力

对播音员主持人而言，工作压力比家庭压力带来更多挑战。笔者在北京广播电台等相关单位的支持下，设计编制了播音主持工作压力问卷。经过因素分析❶，得到播音主持工作压力主要来源于六个方面，即工作动机因子、领导安

---

❶ 金瑜.心理测量［M］.上海：华东师范大学出版社，2001：241-249.

置因子、工作负荷因子、评价因子、竞争因子和职业发展与晋升因子,具体题目如表 5-6 所示。

表 5-6　播音员主持人工作压力量表题目

序号	题目
1	工作有时候令人无所适从
2	无权参与台里的管理
3	工作缺乏成就感和新鲜感
4	难以获得各种荣誉
5	单位奖惩制度不合理
6	所学专业与现在的工作不一致,感到吃力
7	领导对播音员主持人缺乏信任
8	领导不重视,不关心播音员主持人
9	工作需要耗尽我全部精力
10	工作量大,感到很疲劳
11	播音员主持人的社会地位仍然不高
12	难以迎合受众的口味和兴趣
13	考核后按成绩排队
14	同事对我的态度
15	各种考试、评比太多
16	对播音员主持人进行较多量化考核
17	职称评比和晋级条件多,限制死
18	继续深造和学习的机会太少

　　受样本数量限制,本次调查只能从侧面帮助了解播音员主持人工作压力的现状,以参考作用为主。根据量表的调查结果可以看出,各因子压力较大和很大的比率达到 7.1% ~ 36.9%。其中以竞争、评价、职业发展与晋升因素压力感最大(见表 5-7)。

表 5-7 播音员主持人压力感百分比

因子名称	压力没有（%）	压力较小（%）	压力较大（%）	压力很大（%）
工作动机	15.8	68.4	15.8	0
领导安置	47.3	45.6	7.1	0
工作负荷	3.6	79.0	17.4	0
评价	5.3	63.3	24.6	7.0
竞争	7.0	52.6	36.9	3.5
职业发展与晋升	3.6	61.3	28.1	7.0

医生（高压力占总体 30% 左右）和教师（高压力占总体 20% 左右）是社会上普遍认为的高压力职业，与这二者相比，播音员主持人工作所承担的压力水平相当高。下面对播音员主持人工作压力来源进行具体分析。

工作负荷 据调查，我国播音员主持人每日睡眠时间平均不足 6.5 小时，每日工作时间平均超过 10 小时。在工作压力的负荷下，部分播音员主持人已经淡化了休息和上下班的概念，变成 24 小时随时待命。然而人毕竟不是钢筋之躯，工作任务的长期繁重和精神的高度紧张，体力和脑力消耗过多、入不敷出，使得大多数播音员主持人正在透支着自己的身心健康，疲惫不堪。为了获取新闻和完成节目，播音员主持人营养不良（由于工作需要保持身材），缺少睡眠和锻炼，特别是对于年轻的播音员主持人来说，容易成为"为了'工作'而生活"的被胁迫者。

领导和管理 有学者将工作压力源归为时间、互动、情景和期望四个因素。时间是播音员主持人群体存在的一种普遍的压力源，而互动冲突是人际关系互动造成的结果，情景中的压力是由个体所处的环境造成的，期望的压力源是指尚没有发生却可能发生的不愉快行为事件，包括恐惧和不愉快的期望。❶

---

❶ 舒晓兵等.工作压力研究：一个分析的框架［J］.华中科技大学学报（人文社会科学版），2002（5）：121-124.

在广播电视行业，领导管理是否科学对播音员主持人有较大的影响，主要体现在对播音员主持人的时间分配、互动、工作情景以及期望上。播音员主持人在超负荷工作、不能参与节目的策划管理、付出回报不成比例的情况下，必然会降低工作积极性，因此，领导和管理者应实现科学管理，建立合理的工作程序，明确责任，保证反馈机制和渠道的畅通，为播音员主持人参与管理和反馈工作提供机会和条件，同时对播音员主持人的工作环境和条件进行改善，并给予合理的经济报酬，多手段并用来提高他们的工作积极性。

　　来自受众的压力　过去，受众只是作为媒体信息的接收者，以求知需要为主；随着社会文明的不断进步和受众个人素质的提升，他们对广播电视媒体的要求也在不断提高，动机已经从单纯的求知需要过渡到审美需要、娱乐需要以及社会化需要的综合动机需求。同时，受众也越来越要求参与监督媒体和发表自己的声音，拒绝只听媒体的一面之词，网络的迅猛发展和网民的迅速扩充就是最好的说明。网络平台的逐渐完善和成熟，使得受众有了更好的发言场所，受众对播音员主持人在节目中的立场、观点甚至是用词，都可以进行讨论或驳斥。因此，面对受众的高标准和严要求，要想成为一名优秀的播音员主持人，必须付出加倍的努力，提高节目的水平和质量，只有这样才能够符合越来越严苛的受众期待。此外，播音员主持人还会面临部分受众带来的危险，主要是在报道某些社会阴暗问题时，必然触及部分人的利益，他们会动用各种手段阻拦、恐吓甚至打击、报复，这使播音员主持人长时间缺乏安全感，甚至处于压抑和恐惧的状态中，如果长期受这种压抑情绪的困扰，难免会出现心理障碍。

　　竞争和评价　在当下市场经济发展的大环境下，新闻媒体基本都是采用业绩考核制度和末位淘汰制度，只要业绩落后于某个标准，就有下岗的可能。然而就媒体招聘制度而言，多数人的素质水平都是不相上下，只要放松懈怠，就有被末位淘汰掉的可能，而要想在竞争中脱颖而出，得到晋升发展，更是难上加难。此外，还有另外一个负面影响，即能力较强的播音员主持人会被增加工作任务，这在一定程度上加重了他们的工作负担和压力，或许会缩短他们的职业生命。基于此，有资深媒体专家对中国主持人队伍的"两无一短"现象进行了深刻剖析，一短指播音员主持人的职业寿命短，这是目前的普遍现象，与国外主持人的"越老越吃香"形成明显对比。一些著名播音员主持人或许尚可立足，但其他播音员主持人则往往难以长久，在舞台上很快消失了踪影，或转行被淘汰。不可否认，年龄因素成了这个职业的瓶颈，对于中国的播音主持职业来讲，年轻的身影永远充斥着大部分的银屏，这种现象在地方台尤其明显。在这种竞争评价的制度前提下，尽管播音员主持人十分希望发展和充实自己，却没有时间和精力去实现，形成恶性循环，长期来看，这对播音员主持人自身和中国的广播电视事业发展都会产生不利影响。

三、播音员主持人心理压力消极影响的表现

心理压力主要对播音员主持人产生三个方面的消极影响。

（1）生理症状：心率加快，血压增高；肾上腺激素和去甲肾上腺激素分泌增加；肠胃失调，如溃疡；身体受伤；身体疲劳；死亡；心脏疾病；呼吸问题；汗流量问题；皮肤功能失调；头痛；癌症；肌肉压力；睡眠不好。

（2）心理症状：情绪过敏和反应过敏；感情压抑；退缩和忧郁；孤独感和疏远感；焦虑、迷惑和急躁；疲劳感、生气、憎恶；精神疲劳和低智能工作；注意力分散；缺乏自发性和创造性；自信心不足。

（3）行为症状：倦怠情绪；拖延和避免工作；工作完全破坏；去医院次数增加；为了逃避，饮食过度，导致肥胖；由于胆怯，吃得少，可能伴随着抑郁；没胃口；冒险行为增加，包括不顾后果的驾车和酗酒；攻击性行为。

四、播音员主持人应对心理压力的方式

中国社会迅速发展，各个行业都在不断变化，如何应对高压力的生活，是每一位播音员主持人迫切需要解决的重要问题。下文将从压力研究者比较看重的压力"缓冲"变量进行分析，主要包括播音员主持人的角色转换、应对方式、自我效能、时间管理以及压力管理等方面。

（一）播音员主持人压力与角色转换

工作方面，现在越来越多的播音员主持人身兼数职，忙碌在台前幕后，不仅从事本职工作，还参与或担纲策划、编导、采访和制片等多项工作。比如，播音员在播报节目时，既是信息传递者，也需要在场外连线或现场报道时转换为记者的口吻和思维；而主持人的工作则要更复杂，特别是综艺类主持人，他们不仅担当着主持工作，还需要成为演员和领导者，确立好自己的节奏并带领嘉宾、现场观众密切配合自己，完成节目。他们能否在工作中很好地实现角色转换对于缓解工作压力十分重要。首先，从思想上，播音员主持人要了解清楚自己承担的工作角色、工作职责以及工作权限；其次，要防止出现角色过载，保证承担的工作在自身能力所能负担的限度以内；还要避免在工作中产生角色冲突，即承担的工作职责与他人相互矛盾，以免相互干扰，妨碍节目的顺利完成；再次，家庭方面，播音员主持人作为公众人物的同时，还承担着家庭角色。有意识地将家庭责任和义务列入工作生活时间表是非常重要且必不可少的。播音员主持人不仅应注意协调工作和家庭的关系，同时还要在家庭内部与家庭成员保持平等和相互尊重的原则，不应将在社会上的"权威"感带入家庭，以自己的社会声望为由享受特殊对待。只有这样，由于工作和家庭不平衡产生的压力才能通过角色转换得到巧妙的消解。

（二）播音员主持人压力与应对方式

湖南经济电台《夜渡心河》节目主持人尚能被誉为"长沙第一名嘴""一代主持骑士"。然而这位具有知名度和成就的主持人却因缺失心理素质最后走上了自杀的道路，令人深为惋惜。

当然，心理访谈类节目的主持人在接收了过多"心理垃圾"，且没有专业的心理学知识指导的情况下，无法培养自己的抗干扰能力，有可能会导致悲剧的发生，面对这样惨痛的例子，现实生活中的播音员主持人群体应如何排遣压力就变得更为迫切和重要。这并不是个案和特殊的情况，有人在谈到播音员主持人的"心理承受"能力时，也对此扼腕叹息："这样的悲剧，给了我们大家一份提醒"。[1] 的确，对于他们来说，"抗干扰能力"时时刻刻、方方面面都体现着重要的作用——各种突发事件、过多的"光环"压力等都是对抗干扰能力的考验。如何应对，这里涉及的是播音主持的"应对方式"问题。

1. 应对方式的概念

应对方式是个体处理挫折或压力时所采用的认知和行为策略的风格。[2] 应对方式因人而异，在诸多影响应对方式的因素中，应对资源是影响个体采用何种应对方式的重要因素，可概括为生理资源（如健康状况）、心理资源（如人格特质、自尊、人际交往技能）、环境资源（如社会支持）。有研究将应对资源概括为个体资源、社会资源和物质资源。[3] 当压力性事件发生时，播音员主持人对应对方式的选择应综合考虑自身的身体状况、心理特点以及当时的社会情境条件。若排除具体的人格、社会情境等可变因素，一般而言，如下几种应

---

[1] 敬一丹. 99个问号——敬一丹漫谈主持人 [M]. 北京：中国广播电视出版社，2004：146-147.

[2] 黄希庭. 简明心理学辞典 [M]. 合肥：安徽人民出版社，2004：247.

[3] 叶一舵等. 应对及应对方式研究综述 [J]. 心理科学，2002（6）：755-756.

对方式有助于他们应对压力。

2. 播音主持应对方式的选择

国内学者肖计划根据国内外相关研究，编制了应对方式问卷，是目前国内使用较为广泛的测量应对方式的工具。❶ 根据肖计划等人的观点，共同构成应对方式的有六个因子，分别是解决、自责、求助、幻想、退避和合理化。通过对因子进行剖析得到以下结论："解决"和"退避"之间的程度最高且为负相关。借用这六个应对因子关系的两极，然后根据各因子与"解决问题"应对因子相关系数的大小排序，依次为退避、幻想、自责、求助、合理化、解决问题。

研究发现，一般个体应对方式的使用都不会仅限一种，甚至有些人在同一应激事件上使用多种多样的应对方式。尽管如此，每个人的应对行为类型仍具有一定的倾向性，这种倾向性在个体身上形成了六种应对方式的不同组合。其中属于播音主持职业应该注意的应对方式组合如下。

"解决问题—求助"型　这是成熟的应对方式，也是应对压力比较有效的方式。播音员主持人在面临情感危机、节目关注度下降等压力性事件时，应积极根据自己的资源状况寻求解决问题的方法，或者向拥有更多资源的同事或朋友求助。

"退避—自责"型　这是不成熟的应对方式。如果播音员主持人总是采取退避、自责或者幻想的方式应对负性的生活事件，那么不仅会加强自己的消极自我暗示，而且无助于问题的解决。

"合理化"　合理化因子与"解决问题""求助"等成熟应对因子和"退避""幻想"等不成熟应对因子都呈正相关关系。如"甜柠檬心理"——得到的就说好；"酸葡萄心理"——得不到的就说它不好，都属于合理化。但是这

---

❶ 汪向东等.心理卫生评定量表［M］.北京：中国心理卫生杂志社，1999：106-108.

一策略只能帮助个体暂时获得心理平衡，不能解决根本问题，因此播音员主持人应谨慎使用这一应对策略。

（三）播音员主持人压力与自我效能

1977 年，美国著名心理学家阿尔伯特·班杜拉第一次提出了自我效能的概念。1997 年，阿尔伯特·班杜拉又出版了《自我效能——控制的实施》一书，对自我效能进行了详细论述。对播音员主持人而言，面临压力情境时，其自我效能也是一个值得注意的重要变量。阿尔伯特·班杜拉认为，威胁性事件是建立在个体应对效能感和环境的潜在危险之间的一种关系属性，而非环境事件的固有属性。它是由环境自身的性质、个体应对环境事件的自我效能以及在此基础上实现的应对过程的性质共同决定的。研究表明，高自我效能感和低心理疾病以及应激水平存在相关性。播音员主持人应对压力的自我效能的提升，有助于其应对能力的改善。

一是播音员主持人应重视积累成功经验，成功会帮助个体建立起自我效能的坚定信念，因此他们要珍惜每一次面临压力性事件的成功，如第一次参加直播等，要在充分准备的基础上多方请教，争取成功；二是要积极调整自身生理和心理状况，进行积极的自我暗示，这既可以保持良好状态，又能提升自我效能；三是播音员主持人应多关注与自己情况相似的同行，学习他们成功的经验，不断激励自己；四是应客观对待他人的积极评价，尤其是客观的积极评价，正面接受，增强自信心。

播音员主持人的自我效能感越高，越会倾向于选择富有挑战性的任务，而自我效能感水平越低者，则相反。自我效能感高的人在工作中将付出更多努力，在应对压力和困难时也将更坚强和有韧性，他们会集中注意力和精力于情境的要求上，并会被挫折和障碍激发出更大的冲劲和动力。自我效能感低的人在遇到坎坷的环境影响时，则会夸大困难的作用，自我估计偏低，缺乏解决问题的信心。

（四）播音员主持人压力与时间管理

学会选择时间，也就学会了节省时间，这在管理心理学上被称为"时间管理"。播音主持是高工作负荷的职业，要想在完成工作量的前提下减轻工作负荷，必然需要有效的"时间管理"。

罗斯·杰伊（Ros Jay）的观点具有较强的可行性，他认为，在时间方面的管理有两个重点："减少工作量"和"做有成效的事"。❶黄希庭则在时间管理的人格倾向层面研究了时间管理倾向问题，他提出，时间管理倾向由时间价值感、时间监控观和时间效能感三个维度构成。❷同罗斯·杰伊对时间管理的定义一样，黄希庭的概念也具有很强的操作性，图 5-2 表示个体时间管理倾向的结构。

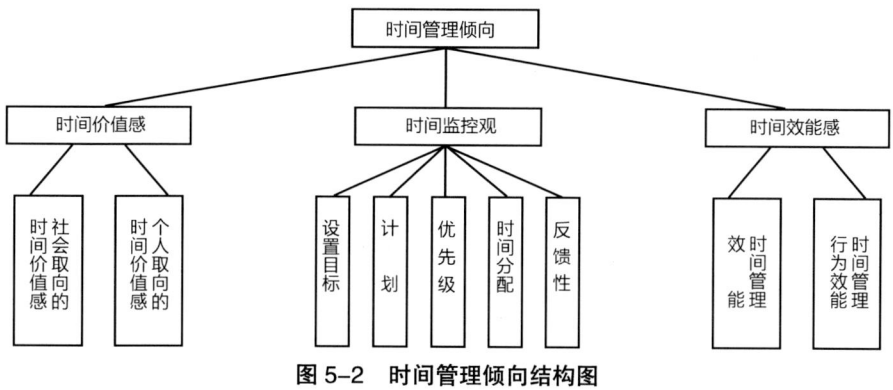

图 5-2　时间管理倾向结构图

其中，时间价值感是指个体对时间的功能和价值的稳定的态度和观念，包括时间对个人的生存与发展以及对社会的存在与发展的意义的稳定态度和观

---

❶ 罗斯·杰伊. 时间管理［M］. 胡玲，译. 北京：华夏出版社，2004：6.
❷ 黄希庭等. 论个体的时间管理倾向［J］. 心理科学，2001（5）：516-519.

念，它通常是充满情感的，从而驱使人朝着一定的目标行动，对个体驾驭时间具有动力或导向作用。时间价值感是个体时间管理的基础。时间监控观是个体利用和运筹时间的能力和观念，它体现在一系列外显的活动中，如在计划安排、目标设置、时间分配、结果检查等一系列监控活动中所表现出的能力及主观评估。时间效能感指个体对自己驾驭时间的信念和预期，反映了个体对时间管理的信心以及对时间管理行为能力的估计，它是制约时间监控的一个重要的因素。因此，时间价值感、时间监控观和时间效能感分别是价值观、自我监控和自我效能在个体运用时间上的心理和行为特征，即时间维度上的人格特征。既然时间管理在某种意义上是一种人格倾向，因此个体一旦形成良好的时间管理倾向，对于他的工作生活都会产生积极的、持久的影响。研究表明，时间管理与焦虑、心理健康、心理压力、自信心等有着密切的联系，下面我们分析如何通过有效的时间管理减轻播音主持职业的压力。

家庭时间管理　一般来说，人的大部分时间都在家中度过，但对于播音员主持人而言，受工作性质影响，家庭时间相对较少。因此他们一方面要充分高效地利用工作时间，另一方面更要重视家庭时间，有效使用和管理家庭时间。能否合理安排家庭时间，妥善处理好各种家务，不仅关系到他们家庭生活的质量高低，甚至会影响着他们的一生能否有所成就。时间管理专家认为，家庭时间管理可以按照以下建议实现。其一，列出时间计划。可以做一周的家庭计划，如列出购物清单，这样可节省大量时间，杜绝犹豫不决。其二，合理分派。充分利用银行功能，自动支付日常的诸多费用，如住房贷款、电话费等自动支付；可通过电话订购或网购的方式购物，让商家送货上门，缩短购物时间；合理安排家人分担家务活动，压缩出更多自由支配时间。其三，充分利用时间。巧用录音电话，可以避免被喜好闲聊的朋友牵绊；东西用完要及时归位，这样可大大减少清理房子的时间；交叉利用时间，如在电视广告时间里快速处理零碎家务。

工作时间管理　研究者充分研究了工作时间管理问题，针对播音主持职业的工作实际，推荐以下方法。[1]其一，确立目标并列好计划。目标应细化为长期目标和短期目标，如长期目标是晋升发展，短期目标是在临场反应上的进步得到受众的认可；在此基础上制订可行的年度、月份和每周计划。在制订周计划时，有技巧可循。将每天的任务按紧迫程度进行判断，可以用"1"表示紧急，"2"表示不紧急。再按照事情的重要性分级，比如用 a、b、c 表示重要性依次下降的事件。在排序上可借鉴下面的优先顺序：① a1；② b1；③ c1；④ a2；⑤ b2；⑥ c2。其二，办公桌要常整理。播音员主持人在做节目的时候需要提前做好功课，充分了解相关的人物、背景甚至某种专业知识，节目做完，办公桌上很可能会堆积大量的材料。及时清理不需要的文件，并把文件按需要的重要程度依次排列，这样就可以节省大量时间。其三，分工合作。这要求播音员主持人具有较好的团队合作精神，充分发挥团队合作的力量，让团队来共同分担工作压力，以提高工作效率。其四，学会抵制干扰。作为公众人物，播音员主持人必然会面临很多社会活动，这会给他们本已排满的工作日程里又增加新的工作负荷，因此，必须学会合理恰当的拒绝，同时，在条件许可的情况下抵制某些干扰。如为了专心干好本职工作，白岩松辞掉了三个制片人的职务。

其实，时间管理并不追求"工作狂"似的工作状态，其目的是在合理高效地利用时间的前提下提高工作效率。而且需要特别指出的是，没有特殊情况不要故意延长下班时间。此外，把工作带回家继续加班也不能算早下班。只有在规定的时间内，工作效果达到让受众和领导都满意，才算得上真正有效的时间管理。

---

[1]　罗斯·杰伊. 时间管理［M］. 胡玲，译. 北京：华夏出版社，2004：108-126.

（五）播音员主持人压力与压力管理

以上主要是围绕播音员主持人个体角度谈压力缓解问题，这一部分主要是从组织层面，即从播音员主持人所在单位的角度，对他们实施有效"压力管理"，以减轻播音员主持人的压力。

第一，提供宽松的工作环境，鼓励播音员主持人通过各种途径宣泄压力。组织和单位应注意减轻他们的心理压力和工作重荷，关心他们的身心健康。目前，在国内也有企业专门建立"情感发泄室"，放置橡皮人、沙袋等供员工发泄。

第二，增强播音员主持人的控制感。使播音员主持人工作扩大化，是指合并相关工作或两个任务，以增加工作的多样性，加强播音员主持人对自身能力的认知，强化个体的主观能动性并发挥更大效能，加强自身存在感和成就感；提高工作的自主权，让他们参与决策、自主决定工作计划和工作进程并对工作结果负责。❶

第三，提供培训和发展机会。培训是媒体培养和提高员工素质的重要途径，可以有效缓解播音员主持人的压力，同时也是提升媒体核心竞争力的重要手段。我国媒体长期处于事业体制下，人事部门主要关注事务性的人事管理，很少关心员工自身的成长，培训发展和职业生涯发展都相对欠缺。

第四，提供社会支持。社会支持是人际和谐发展、组织顺利运行的基础，组织应关心、尊重媒体工作者，建立起互相支持的人际关系。有些媒体对播音员主持人实行聘任制，从以人为本的角度出发，媒体应实行雇员帮助计划。所谓帮助计划，包括个人指导、放松研究班、工作再训练、工作压力分类和应对措施等；还可以通过加强团队建设和媒体单位文化建设，建立良好的媒体心理环境，帮助职员建立良好的缓解压力氛围，减轻压抑情绪。

---

❶ 凌文辁. 工作压力探讨 [J]. 广州大学学报（自然科学版），2004（1）：76-79.

五、积极的自我意象是实现自我的信念

客观来说，成功地应对压力可以让播音员主持人顺利渡过事业发展的艰辛过程，而保持积极的自我意象则可以让他们具有强大的内心，心理承受能力和自始至终的信心一直不会熄灭，直至达到事业的辉煌。

（一）自我意象的概念

早期精神分析学家的观点是"自我是本我的奴隶"，人本主义认为自我是人不断开发自我潜力的结果，而自我意象则是"我是怎样一种人"的自我概念，自我意象在产生、内容构成等方面都各不相同。下面探讨一下播音员主持人自我意象的来源。

1．社会化

社会化是人成长的重要过程。在从事播音主持工作之前，社会化是他们主要的自我知识来源。他们在儿童期受父母、老师和同伴的影响，经过社会化过程积累早期经验，逐渐发展，最终成为自我概念的重要组成部分。❶

2．自我知觉

播音员主持人的自我人格特征可以从自己的行为中主动推断出来，即在有意识地观察自我行为、心态等过程中，对某些有规律的事情进行持续的观察，自己的偏好就会显现出来，如持续地喜欢某种食物、某些人等，在这一过程中获取自我知觉。

3．受众的反馈

对于播音员主持人而言，受众群体是自我意象最大的来源。受众一般会特

---

❶ 泰勒等．社会心理学（第十版）［M］．谢晓非，等译．北京：北京大学出版社，2004：102．

别在意他们在重大场合出现的"口误"等问题，不管反馈是积极的还是消极的，当某种观点被很多受众所认同时，就会引起相应的社会反应。因此播音员主持人不容易保持稳定的自我形象，受外界影响较大。

4．社会文化认同

文化是传播的基础，播音员主持人的喉舌意识体现在对主流文化和传统文化的认同上。如果不能形成自己的文化基础，而是一味模仿其他文化现象，大部分具有本文化背景的受众往往不会认可和接受这类播音主持。因此，自我与社会文化相辅相成，自我产生于社会文化，同时播音员主持人也要保持自我对社会文化的认同。

自我意象的性质是消极抑或积极，都不能妄加评论，自我意象作为一种选择，是通过播音员主持人的主体意识最终形成的，是可以变化的。

5．与他人进行比较

在某些情况下，播音员主持人缺少恰当和绝对的自我评估标准，这时就需要借鉴和观察与自己情况相似的同行，以他们作为参照物进行"社会比较"，从而确定自己是否更优秀。

（二）走向积极的途径

马克斯威尔·马尔兹（Maxwell Maltz）认为，自我意象的本质是自我概念的形象化。如果说自我意象是自我概念在头脑中所具有的表象形式，那么自我概念则是由自我意象抽象而成的自我知觉和自我评价系统。❶

自我意象训练之重要性，从它的目的就可见一斑。它旨在让播音员主持人操作回忆和想象并同时在内心反复感受自信的感觉和成功的经历，通过他们主动运用意识来加强自我概念，提高工作积极性。简单来说，自我意象是以自己

❶ 袁晓松．辟自我概念改善之蹊径［J］．集宁师专学报（社科版），1998（3）：97-99.

过去经验和对经验的评价为基础，在头脑中勾画出的自我蓝图。但人们自己形成的自我意象却并不都是恰当的，比如，在经历现场报道失败的情况时，自我评价认为是自己的错误导致的，自己成了"失败者"。显然，这里的"失败者"自我肖像是不合适的。

自我意象训练的目的就是通过对不恰当的心理肖像的纠正，使它更接近"你"本人的合理的形象。这里可以对其进行原理总结，具体可以理解为：个体的内心是积蓄过去经验和情感的巨大仓库，这些或成功或失败的经验记录在大脑皮层的神经印象中。它们真实而清楚，人的自我主观能动性和自我评价决定着展现"哪一个"自己，而自我意象训练就是帮助受训者积极搜寻并唤起与成功经验相伴随的感情基调，使个体重新体验成功经历并从中获取动力。

自我体验与自我评论紧密相关。当播音员主持人的自我概念是积极的，则每一种经验都会被看作积极的；当他们出现消极体验时，每一种经验都会伴随消极的自我评论。而表象操作具有一种超前反应功能，即预见未来。如果一个播音员主持人从未有过成功体验，那如果他主动运用想象，发挥自我意识的作用，可在头脑试验室中通过意象训练想象自己在以后的节目中获得成功，以此来强化自我概念。个体的神经系统无法区分实际经验和主动想象的经验，因此，如果不断对这种生动具体的想象经验进行强化和重复，那么神经系统会认知为真实的经验和感受，此时对个体而言，想象训练就相当于一次实地体验，这具有非常重要的意义，尤其是对于无法实战"尝试错误"练习的播音员主持人而言。

表象训练将在个体的头脑中建立起新的"记忆"，建立一个新的自我意象。播音员主持人在进行表象训练时，需要充分放松并详细构思成功经验的场景，努力让自己感受到在大庭广众下舒服地活动。如果播音员主持人在面临新的工作挑战时感到焦虑，可以积极促使自己想象自信勇敢的行动，并充满热情。马克斯威尔·马尔兹的档案中记载了许多有关这种练习的有说服力的案例，他们借助自我意象训练获得了全新的自我概念取得了事业上的成功。

卡尔·兰塞姆·罗杰斯（Care Ransom Rogers）是人本主义心理学家，他曾提出社会自我和真实自我的概念。社会自我基本上是通过与他人进行交往形成的，是个体被知觉为特定的他或她的集合体。但社会自我与真实自我并不总是一致的。比如，当播音员主持人的社会自我与道德操守产生冲突时，自我意象训练可以帮助他们协调社会自我与真实的自我，同时，他们努力实现"理想自我"，努力要求进步和成长时，需要设想自己的种种可能的情形，如会做更成功的节目，得到受众的认可等，这些可能出现的情形被称为"可能自我"❶，它表示了播音员主持人对未来充满着美好的希望。如果播音员主持人拥有积极的自我意象，自我也可能会产生积极的情感，并能赋予行为力量，以更好地实现理想自我。自我意象训练的作用，如图 5-3 所示。

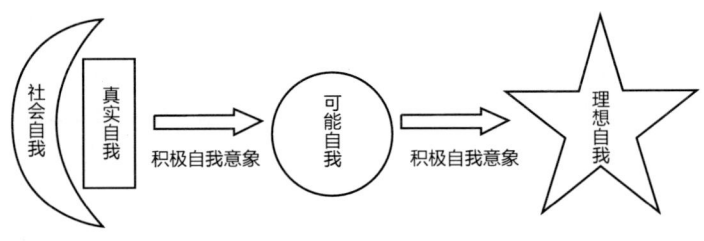

图 5-3　积极自我意象作用示意图

第三节　播音员主持人不良心理状态研究

一、关于心理状态的概述

人的心理状态如同身体状态一样也可以用健康来衡量，恰如人人都希望自

---

❶　理查德·里赫曼.人格理论［M］.高峰强，等译.西安：陕西师范大学出版社，2005：354.

己有一个健康的身躯，心理健康与否同样重要，尤其是对播音员主持人来说，仅仅有健康的身体是远远不够的，更要不断克服心理障碍等不良心理状态，时刻保持健康的心理状态。

（一）心理健康简述

要想真正理解和消除"播音员主持人的不良心理状态"，我们首先要了解"心理健康"的一般含义，把握健康心理状态的范畴。心理学学者目前对心理健康的定义尚未有统一的认知，在一定程度上存在着争议。但是，概括总结学者们的观点，不难发现，他们对心理健康的看法主要集中在三个方面。

1. 心理体验方面

对这方面的研究主要集中在临床心理医疗，心理医生通常认为，心理健康是指人的心理功能正常，无心理症状。虽然这种观点对大众来说比较容易接受，但是从客观情况分析来看，不同人对自身心理状态的表现不同，有的人喜欢将内心状态通过外表表现出来，有的人却习惯把内心状态深藏在心底，让人难以发觉，因此，没有心理症状表现的人不能绝对地认定为心理健康。个体自身的主观经验可以作为一个极有参考价值的标识，当个体具有抑郁、不愉快的感觉，或情绪、行为不受自身控制时，能主动向心理医生的寻求帮助，或在心理医生的帮助下了解自身心理状态，正视自己确实存在问题，这便可以确定是心理障碍者。然而，当个体对自己的心理状态失去"自知力"时，他不会认同自己的"不正常"，这时心理异常的症状就会通过这种主观经验的表现证明，这种情况常常在有严重心理障碍的人，即精神病人身上发生。

2. 社会文化方面

在达尔文的影响下，有些心理学学者认为，心理健康就是社会适应良好，即将健康与不健康标准划定为个体是否能适应其所在的社会文化环境。这种观点虽然在一定程度上有合理性，但适应良好并不能完全阐释为心理健康。

除此之外，有些文化心理学学者还指出，从宏观角度上看，社会制度、文化背景对个体心理具有很大的制约作用，即使是在相同的社会文化背景下，所处的地区、社会阶层等不同，对社会行为也会有各不相同的衡量标准，因此，对心理健康标准的制定需要充分考虑不同社会文化背景对个体的影响。如有的文化背景会造就善于言辞的性格特点，有的文化背景则喜好沉默内敛的性格特点。为了对不同文化背景下心理健康的标准进行考察，心理学家运用统计学中的相关方法，测算出在某个文化情境下的一种平均状态，在测量学中叫作"常模"。心理健康常模在西方人和中国人之间存在着很大的差异，同一个国家中城市的心理健康常模与农村的心理健康常模也差异迥然，不同行业人群的心理健康常模也不尽相同，作为广播电视新闻工作者的播音员主持人与公众的心理健康常模之间也存有较大差异。所以，对一个人心理正常与否的判定，要在与个体生存环境的社会文化常模相比较得出最合理结果后进行。显而易见的是，个体心理的"文化嵌入性"更多地纳入了社会文化方面的考虑范畴，但这种倾向有时会存有相对主义的弊端，需要清晰辨别。

3. 个体与社会互动方面

持有此观点的心理学学者一致认为，人类产生和维持精神活动的一个重要支柱是充分的社会交往。如果被剥夺了社会交流的权利，一定会出现精神崩溃的症状。因此，能否与人正常交往是一个人心理健康水平高低的重要标志。

在社会生活中，和朋友或者其他社会人毫无理由地停止交往，对社交冷淡的话，就会出现"接触不良"的精神病症状。相反，如果存有与任何陌生人都可以"一见如故"的社会交往过度现象，则有可能是一种躁狂的心理状态。在现实生活中，社会交往受阻常常出现在心情抑郁的状态下。

一般情况下，如果个体自身有印象深刻的心理痛苦体验，与此同时在客观上带给周围的人痛苦的心理体验，就可以判定这个个体的心理状态不良，存在心理疾患。

　　综上所述，我们可以认为，心理健康是指个体在自身与环境条件许可的范围内所能达到的一种最佳心理功能状态。这种最佳心理状态一方面是指在个体与外界环境的互动过程中，个体能够根据外界的变化不断调整自己的内部心理结构，使之与外界环境保持平衡与协调；另一方面是指个体的心理发展达到最优化的状态，即在个体与外界环境的平衡与协调中，个体的心理结构不断发生改组，促使自己的心理发展水平渐次提高，人格特质越来越完善。❶

　　值得注意的是，由于心理健康与不健康的界限不是绝对的，而是相对的，这里所说的"最佳的心理功能状态"是一种理想状态，因此我们应该把心理健康看作一个连续体，而不是孤立的片段。它的两个端点分别是最佳的心理健康状态和最差的心理健康状态，在中间逐渐增加的是不适应的行为❷（见图5-4）。这一点对心理健康的个体具有"未雨绸缪""居安思危"的提醒作用。同时，明确这一点对心理障碍患者建立信心、消除"宿命论"的消极心理具有极其重要的意义。

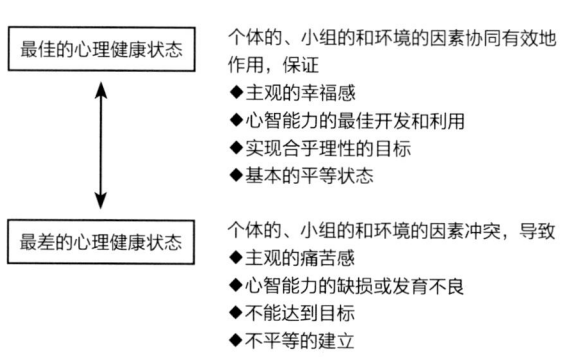

图 5-4　心理健康的连续体

❶　张承芬等.心理学导论［M］.北京：人民出版社，2001：273.
❷　理查德·格里格，菲利普·津巴多.心理学与生活（第19版）［M］.王垒，等译.北京：人民邮电出版社，20019：19.

（二）心理障碍简述

在心理健康连续体的下半轴，尤其是靠近"最差心理健康"的部分，与心理健康相对，我们将其称为"心理障碍"。心理障碍是指一个人由于生理、心理或社会原因而导致的各种异常心理过程、异常人格特征和异常行为方式，表现为一个人没有能力按照社会所认可的适宜方式行动，以致其行为给个人和社会都会带来不良后果。心理障碍的划分存在着许多不同的标准，这里主要参见美国《精神疾病的诊断和统计手册》（2000 年修订版），对不同的心理障碍进行简单的介绍。

1. 焦虑障碍

强迫症　强迫症属于焦虑障碍的一种类型，焦虑障碍患者的思维和行为模式往往具有固定性，思维、意象或冲动会反复地出现并具有持续作用，行为动作常常表现为重复的、有目的性的。即使自身对某种强迫观念进行的反应是不合理的或者明显是多余的，但还是根据特定原则或程式化方式展开。

恐惧症　恐惧症患者对某些特定情况、物体或活动具有持续且非理性地害怕心理，但是事实上这种恐惧对实际威胁而言是非理性的和夸大的，如社交恐惧症和特殊恐惧症。

广泛性焦虑　当一个人在没有受到危险或威胁的情况下，在超过 6 个月的时间内经常无故感到焦虑或担心，临床心理医生把这种症状诊断为广泛性焦虑症。患者主要表现为肌肉紧张、坐立不安、容易疲劳、精神不集中、容易失眠和生气。

惊恐障碍　相比广泛性焦虑症中持续出现的焦虑，惊恐焦虑的患者体验到的是一种可能只持续几分钟但毫无预期的严重惊恐发作，往往伴随着的症状有心率加快、头昏、眩晕或窒息感。

创伤后应激障碍　其特点是对创伤事件通过痛苦的回忆、梦境、幻觉或闪回等方式持续地重新体验。

2．心境障碍

重度抑郁症　如果把心理学中的抑郁与日常生活中的病症相比较，它可以被形容成"心理病理中的普通感冒"，但是抑郁给患者带来的损失和痛苦远远大于普通感冒，重度抑郁则不仅会给病人带来痛苦，甚至给家庭和社会带来巨大的损失。其特征主要表现为忧郁、悲哀、失去日常生活中大部分活动的兴趣或乐趣；食欲不振、体重剧减；容易失眠或嗜睡；动作显著迟缓或激越；自负心理加重、时常自责、感觉自己没有价值；思维和注意集中力大幅降低、记忆衰退、健忘；反复想到死亡、有轻生的想法或举动。

双相障碍　其特征表现为严重抑郁与躁狂阶段交替出现。

3．人格障碍

表演型　表现为感情过分情绪化和寻求他人注意。总是希望自己成为注意的中心，特别喜欢感情用事，对很小的事情的情绪反应经常过分严重。

偏执型　猜疑或者不信任与他们打交道的人的动机，怀疑别人想要对他们进行伤害和欺骗。

自恋型　占据这种人思想的是对成功或权力的想象，他们需要用持续不断的赞美来满足自己夸大的自我重要感。这类人几乎无法站在他人的角度上去认识和体验他人的感受，经常会产生人际关系方面的问题。

反社会型　这种人极度缺乏责任感，不仅违反社会规范，甚至会触犯法律，而且不会羞耻或者后悔于他们的违法行为。

4．精神分裂症

由于精神分裂症具有非常广泛的特征性症状，研究者们不是将它作为一个单一的障碍来看待，而是将其看成是几种不同类型的集合体。以下是最为常见的几种类型。

偏执型　这种类型的个体表现为被害或夸大的妄想。

紊乱型　这种类型的个体会表现出十分怪异、紊乱的行为和不连贯的思维模式。

紧张型　这种类型的主要特征是混乱的动作活动，刻板动作或兴奋动作偏多。

残留型　这种类型有疾病继续存在的次要症状，但是缺乏主要的症状表现。

未定型　这种类型的症状主要有混合思维障碍以及其他类型特征的症状。

二、心理状态的不良表现

播音员主持人的不良心理状态主要表现为自我期待过高、注意力不足、情绪起伏大、精神疲劳、耐力不足、反复确认的不安感、情绪容易受伤等，这充分表明播音员主持人所面临的心理挑战具有多元性和复杂性的特点。

心理学家朱利安·罗特（Julian Rotter）认为，人们越是经常从某一特定行为中得到强化，希望这一行为再被强化的期望就越强烈。播音员主持人也一样，自己主持的节目收视率越高，就越希望能够继续"火"下去。每次录制节目时，播音员主持人大多能够热情洋溢、精神饱满地出现在话筒前或镜头前，这种热情饱满的背后，是他们对节目播出效果比较稳定的、乐观的期望。随着我国播音主持事业的发展，广播电视行业竞争越来越激烈，播音员主持人也逐渐向年轻化、甚至非专业化发展，在节目组的集体创意下，年轻的播音员主持人被推向前台，一部分人很快得到了广大受众的认可。但是，以"收听率""收视率"为中心的这种做法，使得一部分迅速走红的播音员主持人出现了"自我膨胀"的不良倾向。播音员主持人自我期望值过高，不可避免地为职业危机和心态失衡埋下了伏笔。同时，由于他们每天都在接受领导、接受者和社会方面的评价信息，见仁见智、有抑有扬，对自己的情绪也造成了一定的冲击。如果他们的消极情绪严重，而且不能及时排解，将会产生一定程度的负面影响。

在我国广播电视体制改革的大背景之下，播音、主持之间的界限开始变得模糊，有部分播音员主持人开始逐渐参与到策划、编导、撰稿、采访，甚至制作、制片等工作之中。"采、编、播"一体化使得他们的工作负荷显著增加，这也是播音员主持人精神疲惫以致缺乏耐力的一个重要原因。很多时候一个主持人和节目组一起花七八个小时准备现场报道，但最终成败的关键可能就在那一刻钟的实况表现。尽管做了长时间的准备工作，但到了直播时间，主持人必须保持注意力高度集中，这会使得大脑皮层兴奋的时间过长，被迫转入抑制状态，主持人一时无法集中精力，在播报时会出现口误或发生思维混乱等情况就在所难免了。

各方面运转、衔接正常，是节目顺利进行的必要条件，但由于一些不可控的非人为因素，节目现场有时也会突发不可预料的变故，对节目的整体效果造成重大的干扰。比如主持现场文艺汇演时，出现话筒不响、灯光熄灭等情况之时，观众会显得焦躁不安，播音员主持人如果处理不好，就会使节目质量大打折扣，如果能够巧妙地应对，则会转危为安，确保节目接下来的环节不受大的影响。对于年轻的播音员主持人来说，由于害怕出现缺点被广播、电视"放大"，在上节目之前，方方面面都准备得十分仔细，"新人们"习惯性地对串词、台词反复确认，并反复训练自己的表情和动作，这当然无可厚非，但是往往会导致上文中谈到的"强迫"倾向。一旦真的出现失误，"新人们"往往会扩大错误的本身，产生强烈的负相关体验，使自己无地自容。

综上所述，对照常见的心理障碍类型，播音主持职业工作者实际上是广泛性焦虑、强迫症、表演型和自恋型人格障碍的高危人群。有些播音员主持人心理障碍虽不普遍，但是一旦发生，影响将十分严重。还有一些播音员被定义为"呼台号恐惧症"，这些播音员在每次播报台号时都出错或声音失真，对所在台的声誉有很大影响，尽管播完台号以后十分流畅，但也无法掩盖这一问题。

有些播音员由于无法根除这一障碍，将会影响职业前途。下面我们将深入细致地分析播音员主持人不良心理状态的根源。

三、产生不良心理状态的原因

播音员主持人不良心理状态的来源多种多样，一方面来自工作、家庭和社会，另一方面来自人格特质。下面将详细探讨工作、家庭因素，在这里，我们从两个角度，即宏观的社会层面和微观的人格层面出发，寻找播音员主持人不良心理状态的根源。

（一）现代社会的变迁

随着科学技术的不断发展，现代社会生活的方方面面都发生了或者正在发生着巨大的转变，这也是播音员主持人所必须面对和尽快适应的。

第一，广播电视技术手段正在急速发展。现代社会的新知识、新技术层出不穷，从收音机、模拟电视、数字电视、网络广播和网络电视的出现到各种录音、录像、采访手段的变革，只有短短的几十年时间。传播媒介的变化引发的是传播技能和观念的革命，这就对播音员主持人提出了要求：只有不断更新知识结构，才能适应新的传播途径的需要。

第二，商业活动日益频繁。现代社会第一产业和第二产业已经非常发达了，作为第三产业的商业行为有着巨大的上升空间。商业行为越来越多地接触广播电视行业，使得播音员主持人都或多或少地直接或间接地追求一定的经济利益。在利益博弈的过程中，播音员主持人不可避免地会参与各种竞争，承担风险和压力。另外，社会需要的多样化促使播音员主持人的分工呈现多元化。根据节目类型的不同，可以分为新闻评论类、综艺娱乐类、教育服务类、体育类、少儿类等，这对播音员主持人个人提出了高度专业化的要求。

第三，广播电视的价值观念出现明显转变。对于播音主持职业工作者个人而言，除了要坚持原有的政治意识、喉舌意识以外，"品牌塑造"更凸显出他们的个人价值。现代社会观念的变化为播音员主持人个性的发展、自我价值的实现提供了很大的空间。但是，如果不能很好地把控就会很容易陷入心理矛盾的冲突中，陷入进退两难的状态。

（二）播音员主持人的人格特征

人格特征主要是指由于生活环境、教育背景等不同，一个人在不同的成长时期长期形成的对事物固定的看法和反应形式。我们这里谈的人格特征，包括播音员主持人的能力、气质和性格等方面。根据社会的认可度来讲，要想成为一名成功的播音员主持人，得到受众的认可和接纳，较多需要具备以下人格特征：外向、健谈、合作，易与人相处，有安全感，能保持内心的平衡，适应的能力较强；对人对事热心而富有情感，谦虚随和，认真负责；处事沉着、老练、灵活，行为得体，有自信心，能冷静分析事物，有敢作敢为的精神，通常不掩饰，不畏缩，但有时可能武断而忽视细节；通常不轻易评判是非，乐于了解较前卫的思想与行为，具有一定创造性，有雄心，希望成功；对具体的而不是抽象的事物更感兴趣。这些对播音员主持人个性的要求显然高于一般人群的平均水平，当然，不同的节目类型对播音员主持人的个性还有特殊的要求，如让典型的多血质的个体仅仅从事新闻播报工作，他（她）的优势就无法得到充分体现。

四、缓解不良心理状态的指导建议

为了保持健康的心理状态，每个人必然要经历三个基本的生活问题，即社会或集体生活、工作和爱。播音员主持人要缓解不良心理状态，从根本上讲，首先需要处理好友情、职业和爱情三者之间的关系。对此，著名精神分析学家阿尔弗雷德·阿德勒（Alfred Adler）有过精辟的论述。关于集体生活，阿尔弗雷德·阿德勒认为，为了成为充分发展的人，在生命历程中，我们必须加强与他人的基本联系，并且尽可能多地与他人建立建设性的关系，如合作关系、协调关系。他还认为，我们能确保的唯一的安全感源于人们的友善，遗憾的是很多人没有采取这种建设性的方式，而是试图通过把自己和别人隔离开来以获得安全感。隔离导致势利、顽固、憎恨、怀疑、嫉妒、忌恨和诮上欺下，它带来的安全感也是暂时的。在阿尔弗雷德·阿德勒来看，我们必须通过工作维持社会的正常发展和繁荣，所有人都要学会怎样做事情，学会对自己的行为负责，学会通过工作对社会有所贡献。最后，爱要求我们尊重我们所爱的人。阿尔弗雷德·阿德勒认为，成熟的爱包括家人、伴侣间的合作和信任，以及彼此间的平等相待。

如何才能达到阿尔弗雷德·阿德勒所描绘的爱情、友情、职业三位一体的和谐状态？笔者认为，播音员主持人通过科学的个体心理训练，是能够达到有效缓解工作、生活压力，并同时为更高质量的工作和生活做好准备的。播音员主持人通过及时的角色转换、高效的时间管理和对社会支持的充分利用，可以保持与家庭、朋友紧密的联系。同时，通过提升自身的合作品质和团队精神，可以更好地融入节目组中。这些努力会使播音员主持人在处理友情、职业和爱情的关系时做到"左右逢源"、游刃有余，个人不良心理状态的缓解也便水到渠成了。

第六章

突发事件下电视新闻直播报道的心理调适研究

第一节　突发事件电视新闻直播

一、什么是突发事件电视新闻直播

突发事件，就是指突然间发生的、毫无征兆的事件，这种突发事件往往会造成很大的社会影响或对社会财产以及公民人身安全造成极大威胁。各个部门需要积极配合，以最快的速度制订应急方案，以应对自然灾害、公共卫生事件、事故灾害和社会安全事件等突发事件。

突发事件的发生是不可预料的，而它的发展速度往往也是非常快的，如果还是按照常规方法去处理，突发事件很难在短时间内得到解决，所以需要快速响应，运用非常规方法制订一系列有针对性的方案进行处置应对。在我们常见的突发事件中，多是一些影响和破坏力较大的灾害和事故，如病毒、地震、洪水灾害等自然灾害以及恐怖事件、社会冲突、丑闻包括各大谣言等。如 2020 年新年伊始，一场由新冠肺炎病毒引发的疫情迅速蔓延至全国。我国政府反应迅速，充分发挥制度优势，在党中央的统一领导下，全国一盘棋，调动全国力量驰援湖北特别是武汉，包括省市之间对口支援，并实施一系列极其严格的防控措施。2020 年 4 月 27 日，国家卫健委新闻发言人米锋在国务院联防联控机制新闻发布会上说，4 月 26 日，湖北首次无现有确诊和疑似病例报告，全国现有本土确诊病例降至 100 例以下，境外输入病例治愈出院超过 1000 例，疫情防控取得重要阶段性成效。

突发事件电视新闻直播就是指电视新闻媒体运用各种报道方式，第一时间对突发事件的起因、过程和结果等信息进行报道，电视新闻直播往往会与突发事件发生发展的过程同步。

二、突发事件电视新闻直播有哪些特征

（一）突然性

突发事件的发生往往是不可预料的，对它的发展和最终造成的影响也是很难进行准确判断的。对突发事件进行电视新闻直播报道时，如何快速准确地选题、如何与现场记者连线互动、如何邀请相关权威专家等问题要求播音员主持人在最短的时间内做出选择。由于时间的紧迫性，所以在直播报道中也可能出现思绪混乱或临时改变报道方式的情况。

人们在有预知性事情发生时和非预知性事情发生时的状态是完全不同的，事件突然性的发生会造成人们心理上的波动。因此在应对突发状况时，播音员主持人的状态和正常时态下的状况是完全不同的。播音员主持人在正常情况下会有备稿，会有准备，会对稿件有所了解，对平时发生的新闻事件有所了解。但是在突发情况下，需要播音员主持人有极强的临场应变能力。在 2008 年的汶川大地震发生时，中央电视台新闻频道要求 24 小时循环不间断滚动播放新闻，对播音员主持人的临场主持能力是一个相当大的考验。汶川地震发生时，海霞才刚刚来到中央电视台，她上当晚《新闻联播》的"配音班"——"不出

镜"，只为新闻图像配解说词，19 时 30 分《新闻联播》结束后，她就可以下班回家陪 6 岁的女儿了。在 2008 年 5 月 12 日 14 时 50 分左右，经多方信息确认地震消息属实。新闻频道在 15 时"整点新闻"中，"头条""口播"汶川大地震消息；此前，还以字幕形式公布了地震消息；15 时 20 分，停止新闻频道各栏目的正常播出、停止各时段的广告播出——推出突发事件现场直播节目。此时，《新闻联播》办公室里，海霞正为晚上的配音做着准备，一切工作如往常一样，所有工作人员准备就绪，等待晚上直播。正是这一刻，值班编辑张昕冲进来大声喊道："谁在那儿——"，他慌忙又紧张地对海霞说："快！用最快的速度、最短的时间做好准备，上直播！"所有人都慌乱了，从来没有遇到过这种情况。这时海霞抬腕看表：14 时 50 分。平日的海霞不施脂粉，素面朝天。一听"上直播"，立即意识到灾情的严重性，当即进入"战时状态"：化妆、吹头发、换服装，调控情绪，平日出镜她喜欢西装外翻一袭白领，这时也顾不上选衣服了，从柜子里拽出一件灰色西服、蓝色衬衣，10 分钟时间把自己浑身上下都收拾利索了。她走过武警岗哨，向"播出线"走去。这次非正常的直播就开始了。虽然在以往的新闻节目中，海霞也经历过一些"战阵"，如与前方记者连线、与嘉宾一对一访谈，但是从未像这次事故这么突然，这么紧张。这种"临危受命"、没有任何准备而进入直播线的情况还是第一次。直播以前，她的手里只有一篇 60 多字的稿件，稿件内容是"本台消息，四川汶川发生地震后，胡锦涛总书记立即做出重要指示，要求尽快抢救伤员，保障人民生命安全。温家宝总理正赶赴灾区，指导救灾工作"。就这篇稿件，海霞反复念了几遍，最大的感受就是"党和政府的应急反应太快了！这条消息就是在第一时间告诉全国人民：党和政府对地震灾害的高度重视"。她也深知，担任直播"第一棒"，自己责任重大。当日，直播间里神色凝重的海霞和以往形象甜美的她形成了鲜明的对比。她手中的新闻稿配以字幕反复播出，中央电视台很快连线到重庆、湖南、湖北各地电视台的记者，报道各地的震感、灾情。随后的《焦点访谈》推出了"我们共同面对"抗震救灾专题节目。到 22 时晚间新闻时，开始了"综合频道与新闻频道并机直播的特别报道"。这就是说，综合频道也"停止节目的正常播出、停止各时段广告的播出"———危情时刻，显示了中央电视台勇于担当的魄力和面对特大灾难事件时前所未有的报道力度。综合频道拥有"村村通"工程的受众优势，加盟"直播"，更加提高了社会各界对汶川大地震的关注度。据中央电视台索福瑞对汶川地震报道的收视调查，虽然是在工作日，但综合频道的最高收视率"仅次于春晚"。直到 12 日晚上 22 时，走出直播间的海霞已是口干舌燥，她说直播时"全情投入不敢喝水"，节目中间有一点时间空隙，也是赶紧下来和编导交流随后的连线内容、谈话主题。海霞之后，"接棒"走入直播间的是董倩和张羽，随后康辉、白岩松、敬一丹、李文静……相继出场。上述案例足以看出播音员主持人具有良好的临场应变能力和控制能力，完全可以应对突发事件的发生。这就需要主持人具有深厚的基本功和强大的心理应变能力。

（二）真实性

音频和视频相结合的传播方式是电视新闻直播的一大特色，既闻其声又见其人，能够增加电视新闻报道的真实性。用多种镜头语言来真实地交代现场情况，把信息去伪存真，运用镜头语言说话的同时，配以同期声或画外音，让受众更直观、真实、准确地了解事件现场的情况。

真实性和时效性是对播音员主持人最艰难的挑战，在突发事件面前，真实的不可预知的画面需要播音员主持人有较好的心理素质和强大心理应变能力，不可以将自我内心的情绪带给受众，要站在客观、直观的角度来传达信息。

（三）广泛性

在正常播出电视节目时，对突发事件进行紧急插播，甚至是多个频道统一转播一个频道的电视信号，从而对突发事件进行最大可能的有效覆盖，让更多的观众可以第一时间通过相关报道了解事件的进展。

（四）话题性

突发事件往往会造成不小的社会影响，所以在很长一段时间里会成为社会热议的话题。可以说每一次的突发事件电视新闻报道都能成为收视的焦点，而每一次的报道都可能会促使相关法律法规的完善或某种利益链的曝光。突发事件具有很强的话题向，所以在电视新闻直播时一定要依据事实进行客观报道，并在导向上保持谨慎、清醒的态度。

在汶川地震时，需要电视台主持人将《妈妈写给孩子的一封信》的文章在直播中播给观众，主持人哽咽地读着文章，甚至最后几度失声读不下去。《妈妈写给孩子的一封信》是一封非常感人的信件，每个人在听这封信的时候都会感动，特别是在话题性非常浓厚的节目当中。对于主持人读信件落泪的状况，观众表示理解，但是，这并不是一个专业主持人应该出现的情况，而是应该从客观的角度将信件内容传达给观众。内心可以感动，但是要及时调整自己的播音状态，情感可以传递，但是不能让观众听到停顿，这就对播音员主持人提出了极高的要求。

三、突发事件进行电视新闻直播报道的必要性

（一）突发事件电视新闻直播报道是趋势

从 2008 年的四川汶川大地震，到 2010 年玉树地震，再到 2020 年新型冠状病毒肺炎疫情，每一次的突发事件都会引起全国人民的极大关注，人们希望第一时间了解事件的进展，报纸、广播越来越难满足人们对时效性和现场感的要求，而电视新闻直播可以对突发事件进行多方位整合，通过不同的节目形

式对突发事件进行声画同步的实时直播，满足了受众第一时间获取新闻事实的需求。如在 2008 年 5 月 12 日汶川地震发生后，当天下午全国各个电视台即对这次突发事件展开了直播，至 18 日，全国累计播出的地震相关节目共有 10.15 亿受众收看，这是中国电视新闻节目有史以来收视率最高的一次。这也说明了在突发事件面前，电视新闻直播报道对人们获取新闻信息的重要性。

在新媒体迅猛发展的今天，很多新闻是由民众通过新媒体第一时间上传到网络，继而进行传播的。因为自媒体的门槛相对较低，所以很多时候会对一些突发事件断章取义，甚至在没了解清楚新闻本身的起因时就妄下结论，导致舆论导向的偏差。这时就需要电视新闻直播报道能够快速地跟进，以专业的角度进行最客观的报道和权威的解读。从《新闻联播》到《新闻直播间》，可以看出电视新闻直播对时效性的要求越来越高，从新近发生的新闻事件逐步往正在发生的新闻事件过渡，第一时间对事件发生的起因和发展的过程进行实时传输报道。这种时效最快、最权威的电视新闻直播报道形式已经被国内外电视媒体普遍应用，成了对突发事件进行报道的一种趋势。

突发事件通常因为社会影响大、具有很强的话题性等因素引起人们的高度关注，进而产生更大的社会舆论影响，所以对突发事件进行电视新闻直播报道是必然的。

（二）突发事件电视新闻直播报道越来越受推崇

突发事件电视新闻直播报道因为其时效性、真实性等特点，得到越来越多受众的认可，自然也就受到了越来越多电视媒体的推崇。

电视新闻直播是一种时效性最快、观众获取信息最便捷的传播形式。电视新闻直播可以在突发事件的报道中利用直播手段，通过声音和画面的结合第一时间满足人们对于新闻事实的了解需求，并形成广泛的影响力。

（1）从受众的角度来讲，对突发事件进行直播报道可以第一时间满足观众对于了解新闻事实的需求。随着新媒体的迅猛发展，人们对获取新闻信息的欲望越来越强烈。由于突发事件具有可视性和极大的吸引力，并且它的发展过程是很难预测的，所以对突发事件进行电视新闻直播报道既可以满足观众的好奇心，又可以让观众不断获得关于事件的最新信息来满足求知欲。

对突发事件进行直播报道能让观众最真实地了解新闻信息，犹如面对面传播一样，有一种身临其境的感觉，进而也增加了直播报道的可看性。根据国家广电总局网站的相关消息显示，汶川地震发生后，从 5 月 12 日到 20 日，中央电视台对抗震救灾特别直播报道总时长达到了 676 小时，创下了我国电视直播时长的历史纪录。

电视新闻直播的最大特点就是时效性，对正在发生的新闻事件进行直播报道，能够让观众第一时间知晓新闻事实，满足观众即时获取新闻的需求。例如，自从 2019 年 12 月 31 日 "不明原因肺炎" 由武汉卫健委公开披露以来，病毒是否人传人的答案一直模糊不清。最早是 "没有明显人传人的证据"，而后当境外病例出现时，"不排除有限人传人" "持续人传人风险很低" 等说法在不同场合反复被强调。2020 年 1 月 20 日，国家卫健委高级别专家组组长、中国工程院院士、呼吸病学专家钟南山却在接受《新闻 1+1》节目连线时说，"肯定 '人传人'"。这条信息被观众迅速传播开，也为我们打赢抗击新型冠状病毒肺炎疫情奠定了基础。实践证明，突发事件的电视新闻直播满足了众多观众的心理需求。

（2）从媒体的角度来讲，突发事件电视新闻直播可以快速地吸引观众，尤其是独家报道，可以让收视率直线飙升，通过专业、全面的对突发事件进行报道，可以使观众心中的媒体形象得到提升。回顾汶川大地震和玉树地震、天津滨海新区爆炸事故、新型冠状病毒肺炎疫情等突发事件，我们不难发现，成功地直播报道一件突发事件对电视台媒体形象的树立起着重大作用。可以说电视新闻直播报道的核心就是直播，能否做好直播关系到电视新闻媒体节目的成败。

面对突发事件进行直播报道是最佳的电视新闻报道方式，因为直播是电视的一大特征。在越来越注重时效性的当下，电视新闻直播报道对突发事件的报道具有绝对性的优势，这种几乎零时差的报道方式也帮助电视在新闻报道的竞争中拔得头筹，让观众及时、全面地了解新闻事实以及新闻的最新进展。直播可以说是最能吸引观众的一种突发新闻报道形式，既有效地对突发新闻进行了报道，又打造了自己的媒体形象，进而获得收视率和媒体形象的双丰收。

直播的核心竞争力就是时效性，谁能第一时间对新闻进行现场报道，谁就掌控了第一手信息，这对于一个电视台节目树立权威性是很重要的。在 2008 年汶川地震刚刚发生仅 1 个小时后，四川电视台就第一时间对地震做了《万众一心、抗震救灾》的特别报道，同时也派遣记者去往灾区进行前线报道。从 5 月 13 日开始，四川卫视停播了所有正在播出的节目，一天 24 小时进行《抗震救灾特别报道》的直播。四川卫视的收视率也迅速跃居全国省级卫视的榜首。CTR 对汶川地震后观众的观看行为与所持态度做了一项调查——在观众主要观看的十个省级卫视电视频道中，四川卫视以 37.65% 排名第一；在观众感觉表现非常突出的十个电视频道中，四川卫视以 71.91% 排名第一。

也可以说，电视新闻节目的竞争是对新闻信息和观众的争夺，只有在第一时间获得最全面的新闻或突发事件的信息，才能更有效地吸引观众，进而在这场直播报道中占据主导位置。

（3）从大众传播的角度来说，对突发事件进行电视新闻直播报道可以让观众的知情权得到保障，也体现了媒体进行新闻传播的重要功能，进行新闻传播可以起到与社会沟通和引导舆论的作用。这也要求电视媒体在进行突发事件电视新闻直播报道时要"以人为本"，切实维护人民群众的根本利益，正确引导。

对突发事件进行直播报道也是当下最普遍的一种新闻报道方式，也可以说是公认的最佳报道方式。未来电视新闻会越来越多的进行直播报道，新闻直播同步跟进报道事件的发展，通过各种技术手段、演播室与现场记者的连线、专家的分析解读等方式，让观众如身临其境，第一时间获取最新鲜、最真实的新闻信息。

如 2020 年 7 月 24 日，中方决定撤销对美国驻成都总领事馆的设立和运行许可，并对该总领事馆停止一切业务和活动提出具体要求。中央电视台也从当天中午开始对领事馆进行现场直播，到了下午，该直播已经吸引超过 2000 万人观看。由此可见，对突发事件进行直播报道是最直接、最能第一时间满足受众对获取新闻信息需求的报道方式。

可以说，对突发事件进行新闻报道是电视新闻发展的必然趋势。

第二节　突发事件直播中播音员主持人的心理研究

一、准确播报心理状态

对突发事件进行直播一般在时间安排上是特别紧迫的，播音员主持人往往没有充足的时间进行备稿，甚至有些稿件都是在新闻播报中临时插播的，拿到手里的消息可能就是一张小纸条，播音员主持人拿到稿件根本没有时间仔细看就直接播了，这就很容易出现失误。如 2020 年 7 月 12 日早上约 6 时 40 分，一条"河北唐山古冶发生 5.1 级地震"的消息迅速传遍网络，7 时 2 分及 26 分又相继发生了 2.2 级和 2.0 级余震，河北随即启动三级应急响应。而中央电视台中文国际频道新闻主播在播报新闻时，竟把古冶区的冶（yě）字念成了古冶（zhì），让人哭笑不得。

播音员主持人作为传递最新新闻信息的关键环节，在前方信息获取量极少的情况下，首先要保证把已经获取的新闻信息迅速、准确地播报出来。这就需要播音员主持人在日常的工作中积累扎实的基本功，在面对突发事件进行直播报道时，确保自己的心理应对能力和直播报道水平都保持较好的状态，做到"有稿播音，准确无误；无稿播音，临危不乱"。

二、分析评论心理状态

在对突发事件进行直播时，播音员主持人除了要对新闻稿件进行迅速、准确地播报之外，有时还要对突发事件进行分析和评论。而根据节目形态的特点和突发事件本身特点的不同，分析和评论的形式往往也有所不同，但基本离不开与演播室嘉宾沟通互动、与前方记者进行连线、与专家学者进行连线等形式，但无论哪种形式，都要求播音员主持人在突发事件直播报道时具备对事件的来龙去脉分析、评论的能力。

2014年2月25日，奥凯航空的国产"新舟60"飞机因为起落架显示故障造成事故。而就在半个月前，"新舟60"飞机曾在新郑机场降落时机头着地引发事故。国产唯一民机品牌在不到20天内接连发生两起事故，国产飞机是否真的如此脆弱？这个问题一时间成为各方争论的焦点。面对此种情况，2月26日播出的《新闻1+1》以《"新舟60"，惊险的降落！》为题，全面报道了奥凯航空事件。主持人董倩通过与记者连线，对飞机总制造师何胜强先生进行了电话采访，并通过与国际试飞员徐勇凌先生进行视频连线等形式，对两起事故的发生原因、人员和财物受损情况、事故处理经过、处置结果以及相关的飞机知识等内容进行了报道，解释了两起起落架故障的不同之处，说明了事件不具有普遍性，同时为国产飞机发展提出了合理的建议。这种全面解释、延伸和反思的报道思路有效地打破了各种流言和猜想，及时的信息发布也使得人们从危险的潜在暗示中走出来，从而能够冷静思考和理性看待国产飞机的发展之路。这样的报道也展示出播音员主持人在应对突发事件时具有很好的分析评论能力，秉承正确的新闻价值观，率先发出权威声音，有利于维护社会的稳定。

三、控制节奏心理状态

播音员主持人在对突发事件进行报道时，需要根据事件的进展情况和整个节目的流程安排来合理有效地控制节奏。心里要清楚地知道哪些是重点、哪些是可以一带而过的、哪位专家的讲话时间可以长一些、哪些专家的讲话时间要相对控制的短一些，以及面对突发情况时如何应对，如连线时信号不好、连线中断等。播音员主持人要凭借自身的经验和节目的整体安排来控制直播的进程，从而有效地控制节奏，让整个节目的直播报道达到最理想的结果。

第三节　突发事件时播音员主持人的心理调整指导

一、播音员主持人紧张心理形成原因

对突发事件进行直播报道时，播音员主持人的发挥对节目起着至关重要的作用，尤其是播音员主持人的心理素质和直播时的心理状态调整将在根本上决定新闻报道的成败。

人在压力特别大的时候往往会显得比较紧张，而播音员主持人面对突发事件进行直播报道时，往往压力巨大，重压之下就很容易形成相对紧张的心理状态。因为每个播音员主持人的成长环境和工作环境不同，所以心理承受能力会有很大的区别，面对压力时的调节能力也会有好有坏。

尤其是很多刚刚从事电视新闻直播报道的播音员主持人，他们可能在平时

的训练或者录播节目中表现出的业务水平相对较高，可一旦遇到突发事件需要进行直播报道时，往往会表现出紧张的心理状态，甚至是一些老播音员主持人也会在重要环节直播时出现紧张状态，这些现象都叫作心理失控。一般表现为心跳加速、声音颤抖、气息不稳、思维不连贯等，甚至还会出现说话打磕巴、读错稿子等情况。面对突发事件进行电视新闻直播报道时，造成播音员主持人紧张心理主要原因有以下几点。

（一）责任重大，害怕失误

突发事件电视新闻直播报道的往往都是一些大事件，对社会有很大的影响，一旦出现失误就容易造成严重的播出事故，所以这种害怕失误的心理也就造成了播音员主持人紧张心理的形成。

（二）知识或经验不足

突发事件有着不可预料的特性，很多情况下都是一边直播一边跟进新的进展，这就需要播音员主持人有足够的知识储备和丰富的经验积累。有些播音员主持人担心自己在直播中遇到新的知识盲点，从而在直播一开始就处于紧张的状态中。

（三）播音形式的改变

播音员主持人习惯了有稿播音，但对突发事件进行电视新闻直播报道时，会出现没有足够的时间形成书面稿件的情况，需要播音员主持人自己组织语言进行无稿播音，甚至需要对新闻内容进行评论分析，这在很大程度上增加了播音员主持人的心理负担。

2020 年新型冠状病毒肺炎疫情期间，播音员主持人在播节目时状态符合疫情新闻的播报模式，面对当时紧张而并不乐观的情况，播音员主持人一直保持着忧虑的状态，可以把受众带入疫情的影响的状态中。可是结尾的"感谢您的收看，明天同一时间再会"，将状态变为了积极、乐观，一下将受众带出了疫情的新闻状态，这对受众来讲比较难以接受。因此，特殊突发情况的报道更需要播音员主持人有良好的心理素质，并且要视情况调节播音状态。播音状态要有一定的延续性，戛然而止的播报状态很难让受众接受。因此需要播音员主持人对播报状态进行调节，找到最适合的切入点。

（四）生理周期及情绪干扰

播音员主持人受到生理周期变化或者是其他情绪的影响，也会在直播报道中形成紧张的心理。

美国精神治疗专家史蒂芬·平克（Steven Pinker）博士认为："紧张就和饥饿、口渴一样，都是人生活的一部分。我们必须明了紧张的好坏，然后才能懂得应该利用紧张的好处，即抑制它的坏处。"压力可以分为适度的压力和过度的压力，适度的压力会激发人的潜能，就像是给人的一种动力，让人的精神更集中，通过对人体内各种机能的调动，促进事情的解决；但如果是过度的压力，就会给人带来生理和心理上的双重折磨，生理上表现为心跳加速、呼吸急促等，心理上表现为过分焦虑、心神不定等症状。《新闻联播》播音员罗京说过："播音员的压力主要来自节目的重要程度，面对不允许出错的节目，播音员的压力会比较大，而想要使这种压力降到最低，除了播音技巧和业务能力需要提升之外，最重要的还是心理状态的调整。"

二、播音员主持人心理素质的培养

从心理学上讲，心理素质往往是先天和后天结合的产物，一个良好的心理素质往往是人的身体、心理、社会素质的总和。播音员主持人面对突发事件进行电视新闻直播报道时的心理素质，是其自信、应变、专业能力等因素的综合表现，不能只靠天生因素，还需要经过大量的培养和练习。

作为一名播音员主持人，好的心理素质指的是，拥有长期而稳定的心理调节能力，学会通过对心理压力的调节来克服各种心理难题，进而在面对突发事件时做到临危不乱、条理清晰。现在面对突发事件越来越多地采取了直播报道的方式，这对播音员主持人提出了更高的要求，播音员主持人无论面对什么样的突发情况，都要控制好自己的情绪。2020 年 2 月 12 日晚，中央电视台《新闻联播》节目中，播音员李梓萌遇到长达 8 分钟的紧急稿件，稿件来不及上字幕，李梓萌凭借着坚实的基本功和强大的心理抗压能力对这条有关疫情的新闻进行报道，在长达 8 分钟的读稿中全程无卡顿且一字不漏，以标准的普通话非常流畅、流利地完成了播报，获得了受众的高度赞许。

所以，播音员主持人具备良好的心理素质对直播报道是非常重要的。

（一）保持自信

突发事件电视新闻报道中，要求播音员主持人必须具备良好的心理素质，而自信就是特别重要的心理素质之一。年轻或没有直播经验的播音员主持人在面对突发事件进行直播时，往往会表现得较为紧张，在直播中出现结巴、吃字、语速过快等情况。这时就需要播音员主持人对自身的心理素质进行调整，以一个自信的面貌和心理状态来进行新闻报道。

（1）想要保持自信，首先要有一个良好的心境，而塑造良好的心境的过程是漫长的，需要播音员主持人在平时的工作中培养自身的抗干扰能力，能集中精力在稿件的处理和新闻播报上。

良好的心境不仅有利于播音员主持人保持自信，还可以使人际关系更为融洽，从而为自己营造一个舒适的工作环境。比如，良好的心境能让播音员主持人更好地保持与同事的关系，如果在工作时发生小的意外，也会心平气和地配合，从而快速解决问题。

（2）自信心的提升也离不开扎实的基本功，播音员主持人的基本功一般包含语音基础和语言表达，如果基本功不扎实就可能导致播音员主持人在新闻直播报道时出现紧张的情况，大多表现为呼吸急促、逻辑不通、声音颤抖等，这种不自信的表现会影响播音员主持人的正常发挥，也会对直播报道带来负面的影响。这样的心理必然会导致在节目现场手忙脚乱，进而忘记一些很熟悉的东西。

针对这种情况导致的不自信，播音员主持人一定要勤加练习基本功，而不是在面对直播时呈现出"赶鸭子上架"的状态，要时刻做好对突发事件进行直播报道的准备。

（二）提升应变能力

相对于传统的电视新闻节目来说，突发事件电视新闻直播报道要求播音员主持人拥有更灵活的反应能力。这种反应能力指的是，在节目直播时面对一些突发状况能够及时整理思路、掌控节目进程。

这种应变能力有些来自个人天赋，但更多的是来自不断地历练和总结。这就要求播音员主持人在平时的生活和工作中善于学习和积累，只有当自己的知识面足够广，遇到的情况足够多、足够复杂时，才有从容应对突发情况的能力。

（三）加强实践能力

播音员主持人除了自信心的培养和应变能力的提升，还需要加强自身的实践能力，要运用不同的思维去考虑问题，并把脑海中的知识运用到实践中去。当然，这里的实践不是只在演播室里面的实践，还需要播音员主持人走出演播室，去一线积累经验，只有多参与节目制作的环节，才能更好地驾驭节目。很多出色的播音员主持人都是记者出身，参与过多次一线的直播报道，所以再回到演播室对新闻进行直播报道时，关注的方向和提出的问题会更加的深入。例如，白岩松、康辉、水均益都是从基层记者做起，了解一线的实际情况和报道难点，从而能够更理性地进行电视新闻直播报道。

第七章

秀场主播的心理研究

第一节　秀场主播及受众心理研究

秀场主播是通过网络直播间来展示自己的才艺，从而受到观众欢迎，然后获得礼物打赏而变现的一种职业。

秀场直播是出现较早、较常见的一种视频直播形式，前期典型的秀场主播平台以 YY 视频直播间为代表，主播通常具备或多或少的才艺，如唱歌、跳舞等，多以女主播为主并且普遍颜值比较高，能够很好地和观众进行互动。

秀场主播其实和娱乐明星有很大的相似之处，都是依靠粉丝增加自己的热度和曝光率，但不同的是明星靠片酬和代言赚钱，而秀场主播的变现途径主要是粉丝的打赏。

人气高的秀场主播获得的打赏不一定就多。明明观众可以免费看直播，为什么会有人打赏主播呢？这看似是一门玄学，其实了解了观众的心理之后，是可以通过对直播的策划，在一定程度上增加粉丝打赏的概率的。

一、受众心理动机

秀场主播想要通过直播变现，就需要有粉丝给自己刷礼物，那粉丝为什么会给自己刷礼物呢？粉丝刷礼物就是在花钱，花钱的目的一是为了消费，二是为了投资。粉丝刷礼物就属于消费，目的是为了感情或是一种信仰，而促成这笔消费的是主播的才艺、美貌抑或幽默的才气等，没有哪个粉丝是无目的就给主播拼命刷礼物的。

所以作为秀场主播要知道自己是怎样吸引观众的，又是靠什么把观众变成粉丝的，思考如何才能获取打赏从而把秀场直播变为自己的一种固定职业。

二、受众心理研究

进入主播直播间的观众都是打赏的潜在群体，但想要让这些观众从潜在群体变为真正的打赏粉丝，就需要主播不仅要清楚打赏的本质，还要理解观众打赏的相关心理，只有这样，才能刺激观众在直播间进行打赏。

（一）受众心理暗示

当观众进入主播直播间的时候，无论主播是在唱歌、跳舞，还是在聊天，都要传递给观众一种信息，那就是大家能在直播间看到我，不是因为我无聊在直播，而是我的工作也是一种谋生方式，这种谋生方式和街头卖唱类似，总能让路过的人看到表演后有打赏的冲动，不需要搔首弄姿，一样有很多人愿意主动打赏。

一个全职的秀场主播，一定要让观众和粉丝知道，自己就是以直播为生的人，自己的主要经济来源都是通过粉丝的打赏获得的，只有粉丝持续的打赏，主播才可能持续开播。

（二）受众心理满足

有些主播没有太多粉丝，但却是热门榜常客，每次直播都能收到粉丝们的大量礼物，究其原因，是因为该主播的粉丝都很关心和疼爱她。主播咳嗽了粉丝就会关心她是不是嗓子不舒服，打哈欠就会被问是不是没有休息好，还会关心主播今天粉丝涨了多少？礼物收了多少？刷多少礼物可以冲榜？能为主播做什么？

这就是一种很简单的粉丝心理，想要为喜欢的人做力所能及的事情，并且给她刷礼物冲榜还可以让她获得更多的礼物，从而增加经济收入。如果以后该主播成了大主播，自己作为第一批忠实的粉丝，也会在主播心中有着无可替代的位置。

（三）受众心理获得

"谢谢宝宝们这么给力，我花巨资打扮了一下直播间，好看吗？""终于有钱换更好的声卡了，以后唱歌会更好听了。"可能我们会认为这是主播随便说的一句话，但其实这些话是主播刺激观众打赏的一种套路，粉丝会认为自己的打赏能让主播的生活质量变得更好，主播的改变有自己的一份功劳。

（四）受众心理猎奇——猫咪心理

猫咪开心高兴的时候，往往会发出咕噜咕噜的声音；而当猫咪发出喵喵的声音时，则表明它想引起人的注意。

秀场主播也是如此，当粉丝刷礼物支持的时候，主播也会做出适当的反应来表达高兴和感谢。

猫特别喜欢和亲近的人互动，就像主播也应该和老粉丝互动更多一样，对老粉丝应该表现出更亲近的态度，让老粉丝感受到来自主播的在乎和关心。而对新粉丝除了表达欢迎和应有的感谢外，不需要表达太过亲密的关心。

除了上面提到的打赏相关心理外，主播还应该善于观察粉丝在直播间的种种行为。总之，粉丝之所以对主播进行打赏，最主要的原因是被主播的个人魅力所吸引，主播在直播中不能丢失自己的个性。

第二节 秀场主播的心理素质探析

新媒体环境下的主播以秀场直播为主要形式，秀场主播与明星有类似的地方，他们都是万人瞩目的焦点，所以都需要具备很强的抗压能力。无论是新手主播还是到了发展瓶颈期抑或者成长为头部的主播，都有着各自不同的心理压力，而每个阶段对主播心理素质的要求也是不同的。

一、秀场主播心理素质的概况

（一）职业习惯培养

直播慢慢地变成了一份职业，既然是职业那就不能表现的懒懒散散，秀场主播在具备相应的职业技能外还应该具备职业素养，只有主播自己先把主播当作一份工作，才会在之后的直播中给粉丝塑造自己的职业形象。

（二）职业习惯认知

由于前期的互联网环境鱼龙混杂，导致秀场直播给人的印象并不是太好，所以新手主播往往会对自己的职业产生价值否定，进而会自我否定。这就要求新主播对秀场主播这一职业建立积极正确的认知，做好心理建设。其实秀场直播就是主播通过互联网将自己的才艺表演给受众和粉丝，让受众在繁忙的工作生活中得到心情的放松和愉悦，这与娱乐节目的性质是相似的，只不过传播渠道和节目形式不同罢了。

（三）职业孤独感

秀场直播就是在互联网上的一场场演出，和明星参加晚会进行唱歌、舞蹈表演是一样的表演形式，既然是演出、表演，那就需要主播像职业歌手、舞蹈演员一样具备面对观众的表演能力。但新手主播可能由于经验不足，会有紧张的情绪，这就需要主播多加练习，释放自己的天性，克服紧张的心理，只有做到了当众孤独，才会敢于表演并且享受自己的表演。

（四）职业心理预期

很多新主播之前完全没进行过直播，看了别人的直播后觉得很容易，认为只要自己有些才艺就可以迅速吸引大量粉丝，很容易赚到大钱，但当自己开始直播时才发现和自己的心理预期差别很大。所以主播在开始直播之前就要有足够的准备，降低自己的心理预期，每个行业都不是随随便便就可以成功的，都需要付出巨大的努力。

（五）职业情绪控制

新手主播在刚开始直播时会遇到各种问题，以下简单列举几种情况。

（1）自我感觉良好。这种主播往往对自己认知不够准确，认为长得好看就有一种天生的优越感，但粉丝既然会因为主播的外貌而追捧，也会因为其他主播更好看的外貌而离开。

（2）懒惰。在主播中三天打鱼两天晒网的有不少，直播与否完全没有规划，全靠自己的心情来，这样自然很难获得成功，必须把直播作为一项职业，并且坚持付出，才有可能获得成功。

（3）急于求成。有些主播才播一两天就觉得自己人气不高，或者是没收到礼物就会心烦意躁。要及时调整心态，这是一份需要稳定付出的工作，而不是迅速圈钱的工作。

二、秀场主播瓶颈期心理素质研究

经历了新手主播的阶段之后，主播在接下来的职业生涯中也会遇到职业发展瓶颈。这时主播应该对自己的心理进行及时调整，以下是一些常见的问题和解决方法。

（一）对比差异性心理研究

有些同时期的主播因为自身运气或时机比较好，可能很早就获得了较大的发展，这往往会导致其他正在努力的主播产生强大的心理落差，觉得自己的付出没有得到应有的回报。进而导致其抗压能力进一步下降，甚至出现好的机会都没能及时抓住，从而一蹶不振，对直播这一职业失去信心。此时，主播一定要调整好自己的心态，不要因为个别现象就扰乱了自己的毅力，应该更清晰地认识到自己的优缺点，并相信努力付出就一定会得到应有的回报。

（二）情绪落差心理研究

因为秀场直播大多是在晚上，所以长时间从事网络秀场直播首先会导致主播的作息极不规律，甚至是日夜颠倒。这样有时差的工作会直接导致主播的朋友圈变窄，社交需求得不到满足，进而产生抑郁的情绪，这种情绪不仅会影响主播的直播工作，也会给身心健康带来很大的影响。这就要求主播要合理安排自己的直播时间，直播之外的时间多出门散步，主动约朋友聚会，以便调整自己的情绪，不至于一直生活在虚拟的网络世界中。

（三）外部环境心理研究

很多主播的直播过程都不是一帆风顺的，会在不同的时间遇到不同的问题，但是流量瓶颈似乎是每个主播都会遇到的问题，因为种种原因，主播在直播到某个阶段的时候，流量和粉丝就会很难持续增长，甚至会出现负增长的情况。面对各项数据下滑，很多主播往往会变得心情很差，从而影响自己的状态，然后数据持续下滑，变成了一种恶性循环。其实这个时候，主播应该根据数据做理性的分析和判断，总结是自己状态的原因还是平台机制的原因或者是直播的内容需要升级等。找出问题，然后根据问题制订解决方案再一步步去实行，要以积极的心态去面对每一次的瓶颈期，往往瓶颈期也是蜕变的时机。

（四）内部隐私心理研究

有时主播会遇到极端的粉丝，为了炫耀自己对主播的了解，会爆出主播的住址等隐私信息，对主播的生活产生很大的影响。面对这种情况，一是通过合法的渠道进行维权，二是要做好提前预防，在直播中以及和粉丝的私下聊天中尽量不泄露自己的隐私信息。

职业秀场主播和从事其他工作的人一样，一旦工作时间久了，也会对工作失去激情和新鲜感，会出现想换工作或者对未来迷茫的感觉，这个时候就需要主播对自己的心理状态及时做出调整，多去感受各行各业的艰辛，其实每份工作都不容易，我们坚持做一份工作，一是可能喜欢，二是可能这是我们最突出的职业技能。出现对自己未来职业发展方向迷茫的情况，多是因为厌倦了这份工作或者自己的职业技能遇到瓶颈。这时主播可以静下心来对自己的职业方向进行重新梳理，无论是多元化发展还是选择新的发展方向都需要坚定信心并加强学习。

三、秀场主播心理素质的管理

（一）社交心态管理

头部主播的粉丝关注度不亚于一线明星的关注度，他们的一举一动都会被粉丝看在眼里并且可能被无限放大，所以建议头部主播像明星那样管理自己的社交心态，不要把自己的社交圈和粉丝圈融到一起，在直播间进行直播时也要注意自己的一言一行，和粉丝沟通交流时不要太过张狂，要以纯真朴实的态度和粉丝进行沟通。

（二）舆论心理管理

头部主播往往会变成舆论关注的焦点，在焦点之下会产生很多八卦消息，在面对这些八卦时，头部主播不要有太大的压力，要学会合理引导粉丝，并且要把舆论变为直播的一部分，因为有舆论关注正说明自己的名气很大。

（三）压力心理管理

主播有一定影响力之后也容易有很大的心理负担，怕以后不能有更好的进步会走下坡路。针对这种情况，主播一定要提前做好自身的心理建设，不会有人永远坐在冠军的宝座上，每个人的状态都会有所起伏，只要没有大的差距就不必太在乎结果。

第八章

新媒体语境下电商主播的心理指导研究

第一节　新媒体语境下的主播

一、播音员主持人新转型——电商主播

直播是一种内容传播的表现形式，为几乎所有用户和行业提供了一个可以和用户沟通，且可以进行自我展示、展现商品的平台，并且还可以将用户和内容结合起来产生关联，让内容为用户服务，而用户又为内容下单。

直播电商是通过网络直播平台构建新的消费场景，不仅使订单支付更加便捷，而且让消费者对商品有了更多维度的了解，还为商品增加了新的流量入口。并且，直播有着强大的社交属性，这种属性可以让直播间的商品、主播和用户之间产生很强的交互性，从而更容易刺激消费者产生消费欲望，最终在直播间下单消费。

电商主播是以商品为核心，在团队强有力的运营下，利用各种直播技巧和对消费者的心理分析，进行商品的介绍与推荐，同时帮用户拿到相对较低的价格，最终影响到消费者决策的人。

二、新媒体平台转变

直播间的商品无论是从产品本身还是价格上，往往具有差异性，而这些差异性恰恰能够满足消费者的购买需求，从而提升直播间商品的销售转化率，也直接帮助商家解决了营销困局。直播电商不同于传统电商，直播电商的出现打破了以往传统的获客模式，借助自媒体流量和直播手段形成了新的销售网络，为商家扩大了商品的销售渠道和销售范围。电商直播可以通过优质的主播资源，为商家解决流量和品牌渠道资源的问题。

电商直播使用户的消费体验得以升级，让消费者在直播间购物时有更多的临场感和信任感。电商主播还可以在直播时直接影响到消费者的决策，增加了消费者购物时的交互性，让消费者更容易下决策。

三、新媒体平台的发展历程

直播电商从开始萌芽到现在只有短短的几年时间，从刚开始的淘宝直播和蘑菇街，到现在直播电商似乎已经成了各个社交和电商平台必不可少的项目。电商主播的类型也从淘女郎和网红，变为了明星、老板、县长；商品的种类也从前期的美妆、服饰类延伸到了各行各业，甚至还有些主播在直播间卖起了车、房、火箭。

（1）2016年萌芽期。2016年3月，淘宝直播开始试运营，在试运营2个月之后，淘宝正式推出了自己的直播平台——淘宝直播。虽然此时电商直播平台才刚刚出现，但淘宝直播的推出，也意味着直播电商这一行业生态开始建立，其产业链也随之逐步搭建。同年，最早开始直播带货的平台是蘑菇街，淘宝也加紧步伐，紧随其后推出了直播带货的功能，刚开始时，带货主播以薇娅、张大奕等为代表的"淘女郎"为主，带货商品主要以服装和美妆为主。

（2）2017年探索期。2017年2月，淘宝直播和天猫直播合并成了"淘宝直播"，3月，在淘宝首届直播盛典的当天，单日的直播场次突破了8000场，当天的主播人数更是突破了1万人。直播电商这一行业在探索中迅猛发展，淘宝依托强大的产业链资源，使得主播类型和商品种类更加多元化。同年，苏宁易购也推出了自己的电商直播。不仅是电商平台，此时社交平台也看准时机，开启了电商直播的探索，其中快手的反应速度最快，优先开启了电商直播。

（3）2018年拓展期。2018年，淘宝双11全天的GMV超过3亿元，李佳琦更是在15分钟内卖出了15000支口红，薇娅直播间2小时销售额达到惊人的2.67亿元。这次双11期间的电商直播盛况正式把直播电商带入公众视野。

在2018年年初，快手正式开始了主播带货，3月又上线了自己的快手小店。抖音也上线了购物车的功能，支持跳转淘宝的商品链接。

（4）2019年爆发期。在2019年1月，淘宝直播推出了独立的电商直播App——淘宝直播，2019年11月GMV总额约200亿元，2019年全年GMV高达2000亿元。快手在6月与拼多多、京东建立合作，12月快手直播DAU超1亿元。抖音也在电商直播领域持续加速，推出了精选联盟，与京东、考拉、唯品会等电商平台建立了合作。

（5）2020年规范期。在2020年5月21日，薇娅直播间举办了"5·21粉丝节"，当天直播间的观看量破亿，创下历史新高。"6·18"活动当天，淘宝直播与300位明星合作直播带货。快手在5月与京东打通数据，达成了战略合作。并且，快手在"6·18"和京东推出了双百亿补贴活动。

抖音在缺少头部主播的情况下，4月签下了罗永浩进行直播带货，首场带货也达到了1.1亿元。可以说直播电商成了最近几年新的商业风口，而在直播电商迅速发展过程中，行业规范化政策法规也相继实施，对直播电商中的商家、主播、直播平台等主体行为均做了全面定义和规范。

从以上电商直播平台发展历程来看，淘宝最早在 2016 年开始尝试布局直播电商，2018 年，双 11 期间李佳琦和薇娅取得了不俗的战绩，也正式把直播带货带入了公众视野。2019 年，总规模超 4200 亿元 GMV 的电商直播行业中，淘宝直播带货超过 2000 亿元 GMV，占据直播带货行业的半壁江山。在 2018 年相继开启直播电商业务后，快手和抖音迅速打造电商产业链，为产业链闭环做着积极的努力。

四、新媒体平台中主播的心理转变

（一）流量经济赋能下的心理转换

传统电商中的"人"实际是流量经济，即人 = 流量 × 转化率 × 客单价 × 复购率，直播电商从流量获取的方式、用户转化率、复购率方面对传统电商中的流量经济进行赋能。

一是可以拓宽流量获取渠道。在直播电商中，通过自媒体内容创作以及商业广告投放，拓宽了流量获取的渠道。二是可以提升用户转化率和复购率。主播的人设属性增强了用户的黏性，从而提升了转化率和复购率。

（二）直播电商提升了"货"的转换

直播电商让"货"的流通途径得以缩短，通过优秀主播和优质供应链的积极配合，让"货"的流通去掉了不必要的中间环节，缩短了厂家到消费者手中的途径，也改变了消费者的购物习惯。

（三）商"场"的转换

"场"的本质是信息流、资金流和物流的组合。传统电商这些年在不断优化提升信息流的效率，但始终没能改变线上购物体验性差的特性。直播电商通过主播与团队的配合、直播平台交互功能的打造以及消费场景的升级，也对消费者的消费体验进行了升级，从而为消费者带来更优质的购物体验，这种带有互动感、临场感的消费体验升级，在一定程度上也弥补了传统电商消费体验性差的缺点。

平台想要提升消费者体验性，有两种方法。一是改变信息流传递方式。平台在提供的直播场景中，要更加直观的向消费者展现商品信息，而直播时的互动性也在一定程度上可以增强商家和消费者的沟通，使消费者有更好的购物体验。二是信息流传递场景的升级。直播间通过使用 AR、VR 等技术，提供直播间场景升级、虚拟试妆和虚拟试衣等，给消费者带来不一样的购物体验。

作为主播，想要提升消费者体验性，一要为消费者提供高性价比的产品。头部和中腰部主播应该配备自己专业的选品团队，帮助消费者挑选高性价比产品，进而降低消费者的选择成本。二要满足消费者娱乐性、社交性体验。消费者进入电商主播的直播间的目的虽然是购物，但电商直播的时间是比较长的，一般都在 3 ~ 5 个小时，消费者不一定对每件商品都感兴趣，可能只是等着自己想要的那个商品，所以电商主播为了留住更多消费者，也应该适当增加娱乐性和社交性。

第二节　购物过程中消费者表现形式及心理研究

一、消费者消费心理分析

从薇娅、李佳琦到大大小小的演艺明星，再到罗永浩、董明珠，可以说直播电商已经成了最近最火爆的话题之一。以前可能很多人没有接触过直播电商，但由于 2020 年的新冠肺炎疫情，更多人开始了解了这个行业，也越来越多的消费者会通过电商直播购买商品。消费者在直播中购买商品时，主要具备以下三种心理。

（一）省钱心理

消费者的省钱心理指的是，消费者在准备购买商品时会特别看中商品的价格，既希望省钱又希望买到性价比高的产品，并且喜欢对每个商品的质量和价格进行反复比较，以便最终以最便宜的价格买到最好的商品。所以有些主播会抓住消费者的省钱心理，不断强调自己的价格便宜、性价比高，并且和其他产品或其他平台价格进行对比，以便更好地吸引这部分消费者下单购买。

（二）从众心理

从众心理指的是，一个人会受到外界人群的影响，从而在判断、认知等方面失去自我，出现跟随大多数人的行为方式，也就是我们平时所说的"随大流"。这也是为什么有些直播间购买的人数越来越多，而有些直播间越来越冷清的原因之一。作为主播，要给消费者营造一种"大家都在买，不买就亏了"的心理氛围。

（三）囤货心理

所谓的囤货心理，指的是原本对某件商品不需要，但以后可能用得到就顺手提前买了囤着；还有一种情况是自己可能不需要这件商品，但看到折扣确实特别诱人，经受不住价格的诱惑就买了下来。

很多商品并不是消费者当下就需要的，但一样可以卖得很好，如夏季买羽绒服，因为这是刚需，趁着价格优惠完全可以提前囤货。

二、消费者购物过程中的表现形式及其心理

（1）观望。消费者进入主播的直播间观看直播，然后会边看直播边浏览直播间里自己有需求或感兴趣的商品，也会跟着主播的推荐留意正在被推荐的商品。

（2）感兴趣。消费者在看直播的同时往往也会积极参与直播间的互动，并且遇到感兴趣的商品会一边听主播讲解一边查看该商品的详情页，甚至回去翻看其他用户的评价及提出的问题作为购买参考，如果特别有兴趣还会希望主播为自己代体验。

（3）想象。消费者在对一件商品特别感兴趣时，就会联想自己拥有和使用时的情景，进而想象这件商品能为自己解决什么问题。

（4）欲望。当消费者觉得这件商品确实对自己有用且适合自己时，就会产生购买的欲望。

（5）比较。在产生购买欲望之后，消费者一般不会第一时间下单，而是会去查看有没有同类商品，并且会对同类商品进行多方位的比较，然后在比较过程中会发现各有优缺点，导致自己犹豫不决、无法定夺。

（6）信心。这时消费者自己会很难做出决策，所以需要外界给予一定的信息。而在直播间中，最主要的信心就来自主播的态度，只要主播了解了消费者的需求，并对商品做专业精准的分析和推荐，就会给消费者很大的信心。当然，这个过程中，商品详情页和身边其他人也会对消费者信心起到一定的干预作用，但最主要的作用还是来自主播的推荐。

（7）接受。当主播给予消费者足够的信心之后，消费者会非常相信主播，从而肯定主播推荐的商品，然后会直接在直播间下单购买商品。

（8）满足。下单成功之后，消费者往往会有一种购物的愉悦感，并且在得到商品之后也或多或少会有一些成就感。在使用或体验商品之后，如果对商品

满意，则会出现满足感，并会主动感谢主播的推荐，从而成为主播的铁粉，进行二次购买甚至将该主播推荐给闺蜜好友。

第三节 新媒体语境下主播的心理指导研究

随机采访 20 位在李佳琦直播间购买过产品的用户，他们给出的答案除了价格较低外，觉得李佳琦直播更有吸引力，喜欢他的交流方式，这种互动多次被消费者赞赏。

李佳琦通过经典的"OMG"的出圈，并通过极具个性的句子"就像有小精灵在你嘴唇上跳舞"，成功打造了"口红一哥"的人设，更是获得了上千万粉丝的喜爱和追捧。

随着电商直播的风头越来越强劲，"低价"不再是主播的唯一利器，这时就需要主播除了价格优势外，还要有其他能留住粉丝的元素，而李佳琦凭借"口红一哥"的人设得以成功留住粉丝，避免粉丝分流到薇娅、罗永浩等其他直播间。

MCN 机构在招募或者打造一个电商主播时，会有很多不同的选择维度，但他们最看重的三个词是"专业、有趣、鲜明的个人特点"。而关于电商主播的培养方向，"人设"则是一个特别重要的要求。

明星普遍存在特有人设，电商主播也不例外，需要自己特别鲜明的人设。因为电商主播的核心作用就是带货，所以人设不仅是提高主播人气的方法，更是提高主播带货能力强有力的符号；尤其现在用户越来越多的希望得到价格低质量好的产品，但每个主播团队的议价能力不再有绝对性的优势下，有人设基础的主播则会更容易得到粉丝的信任和支持，只有和粉丝保持良好的信任关系，电商主播才能在直播间有更多的销量。

人设对主播的影响是特别重要的，那么应该如何打造主播的人设呢？

一、职业电商主播的心理指引

随着直播电商中商品种类越来越多，很多商品有比较强的意见领袖驱动属性，需要美妆达人、搭配师等角色给予专业意见指导以帮助消费者决策并提供参考。

技能专家类人设最核心的作用就是给产品背书和为用户赋能，专家身份让产品更值得信任，专业技能让用户更加受益。如营养师作为电商主播在售卖蜂蜜等保健食品时，可以从专业的角度详细介绍商品的营养成分构成和保健效果；美容师作为电商主播在售卖面膜等护肤类商品时，可以以专业的角度教用户一些护肤技巧。这种人设的最大的好处就是可以让用户打消消费顾虑，尤其是对于高客单价商品、专业类商品，专家角色的人设具有很强的引领性。

例如，当当网官方旗舰店在每次直播时都会请到书籍的作者或者相关领域的专家，在直播中分享一些专业知识，请到的嘉宾既可以对所售卖书籍进行背书和介绍，又可以为用户赋能，让用户对所售卖的书籍更加了解。

不过想要打造技能专家类人设，要求主播自身具备过硬的专业知识，否则很容易人设崩塌，造成笑话。而这种人设的打造需要花费大量的时间和金钱，所以在打造该人设前一定要考虑好，不可盲目操作。并且该人设的电商主播带货领域会比较单一，且很难跨界进行带货。

二、主播品牌化人格塑造

在社交媒体如此发达的当今时代，用户越来越热衷于和品牌直接对话来表达自己对商品或品牌的喜爱或愤怒。和品牌对话自然要求品牌有具体的代言人，而老板、企业家就是品牌人格化的最好载体。

老板店长类人设最核心的优点的就是能够营造一种和用户之间的平等感，让用户可以直接和老板对话。比如董明珠、梁建章这样身家亿万的企业家也亲自出现在直播间，会让消费者有一种直接对话的平等感；一些淘宝店铺的店长亲自进行直播，则可以营造一种信任感，无论是产品质量还是活动优惠，用户都有一种可以和店铺老板对话的真实感。

这种人设的最大价值就是可以提升用户对品牌的信任度，让用户感觉有途径直接对话老板，需求和问题都可以得到快速解决。

如董明珠在直播卖货时，重要的不是她说了多少专业的知识或者多少有趣的段子抑或豪言壮语，而是她只要出现在直播间就可以让消费者对品牌产生很强的信任感，从而放心购买。

要想打造老板店长类人设，要求主播拥有足够的话语权，在直播间遇到消费者的问题可以直接解决。这种人设的局限则在于，要么老板亲自上阵直播，要么给到主播充分的授权，否则人设就很难立起来。同时，亲近感和权威感的拿捏也要有一个很好的度，否则对老板和品牌会造成双重伤害。

三、主播与受众间互通心理

对某些消费者来说，在直播间购买商品除了满足物质需求之外，还间接满足了精神需求。对于很多年轻人来说，买买买代表了他们对美好事物的期待和向往，买什么东西的同时，隐喻地意味着自己就是什么群体的人。

网红达人类人设把主播当成了消费者的间接代言人，进而与商品相关联。如消费者在直播间买一件衣服，除了衣服款式好看，也代表着买这件衣服的人是什么样的人；如购买低糖低脂的健康食品，意味着购买者就很可能是一个追求健康生活、严格律己的人。

这种人设最大的价值就是能够和用户产生情感共鸣，从而降低用户对价格、商品品牌以及其他属性的敏感度。以汪涵的直播带货为例，作为著名的节目主持人，汪涵一直就带有"文化人"的人设，加上其娴熟的主持功底，做起电商直播来就相对轻松了很多。在汪涵的直播间购物，会让人感受到"文化、美好"的感觉。要打造网红达人类人设，对主播的要求是相当高的，既要内容又要有趣，既要有足够的专业知识又能讲搞笑的段子，既能对直播间所售卖的产品如数家珍，又要有自己正确的消费观。

四、新型平台下的受众心理机制研究

电商直播有时候存在很多冲动消费行为。但无论是冲动消费还是有消费需求才购买，这都是商业交易的一部分。

导购促销类人设最重要的是能够快速准确地了解用户的真实需求，并且精准地满足用户需求。如有着多年美妆类产品线下专柜销售经验的电商主播，在得知用户有购买口红的需求后，可以快速从价格、品牌、肤色等角度为消费者进行专业、准确的推荐。

这种人设最大的价值是能够帮助消费者缩短做出消费决策时间，这种信任关系一旦达成，那么消费者就会主动跟随主播推荐来购买商品，从而促成直播间的更多交易。以张大奕的淘宝直播间为例，在平时的直播中，公司签约主播会依次上镜，以主播和模特的双重身份为消费者展示衣服，并介绍衣服的颜色、尺码、适用身材等，以便给到用户相对专业且全面直观的消费建议。

要想打造导购促销类人设，主播必须对直播间所售卖商品的特点和用户需求特别了解。一方面能从价格、品牌、特点以及竞品对比等各个维度介绍和提炼产品卖点；另一方面能从消费者的使用场景、心理需求等多角度来精准匹配合适消费者的商品。

这种人设的局限则在于，主播所做的推荐必须是具有很高专业度，并且得到消费者认可的，否则就是主播的自嗨行为，得不到消费者认可，人设自然就会崩塌，甚至在前期都很难建立起来。在实际的电商直播中，有时候主播人设也不是万能的。每一次成功的电商直播都需要主播、商家及运营团队的默契配合。毕竟主播人设的作用是有效传达，而不是无中生有。

综合来看，主播人设的作用不仅可以帮助消费者缩短决策时间，还可以为产品和品牌赋予情感溢价，让消费者更加信任。

第四节　新媒体语境下主播瓶颈期心理研究

关于主播心理瓶颈期的研究，我们先来看一个案例。一位在淘宝直播做了5年多直播的主播，曾经有一年销售近万件水貂，这是一个相当好的销售成绩了。水貂属于奢侈品范围，动辄价格上万元，线下实体店想达到如此的业绩运营也是非常不易。淘宝直播在细分领域方面已经做得相当成功，但就是这样一名成功的主播，由于各方面的因素也遇到了自己的瓶颈期。

这只是成千上万电商主播中的一个缩影，一个电商主播刚开始直播时是异于常人的辛苦，选品没有优势、直播没有流量，甚至直播间只有几个人在观看，这就要求主播有足够强大的心理素质，哪怕只有几个人也要以最好的精神状态来进行直播，认真介绍产品，度过艰难的粉丝积累期，并得到粉丝的认可。在经历了第一阶段没有流量的情况后，还要承受第二阶段的瓶颈期，因为当主播的粉丝达到一定程度后，因为风格固化，粉丝数量就很难再往上涨，甚至会出现掉粉和粉丝活跃度下降的情况。这种现象是如何产生的，主播又该如何突破瓶颈期呢？

一、新型主播瓶颈期的产生

电商主播主要分为两类。第一类是用短视频和直播内容吸引流量，从而积累第一批粉丝，有一定粉丝基础之后，根据自己的人设来选品直播带货的，最终实现商业变现；甚至在一开始粉丝还未怎么积累时，就同步开始进行直播带货。第二类是自己拥有供应链资源和一定的专业性，通过产品来拍摄垂直内容从而获得精准粉丝，进而直播变现，相对来说这种方式难度更大，获取流量更难，但是粉丝比较精准，直播中的转化率也会更高。无论哪种类型的电商主播，本质上陷入瓶颈期的原因都是涨粉难。

很多电商主播一开始就给自己做了明确的定位，都是以垂直领域的商品为主来进行内容创作，这样也更容易吸引精准的粉丝。但是当账号粉丝很难持续上涨的时候，一开始定位的垂直领域也很容易变成继续涨粉的主要障碍。而如果产品属性导致商品的复购时间相对较长的话，粉丝也很难经常购买，这个阶段就是消耗粉丝的阶段。

当一个账号粉丝上涨，销售业绩越来越好，电商主播状态也特别好的时候，直播间的热度也可能会变得很高，也会有更多的观众进入直播间。而如果主播的粉丝长期不涨，进入消耗粉丝的阶段，那么主播的心理状态会受到很大影响，尤其是在直播间的人数下滑的时候，主播的心态和账号的权重可能都会或多或少的受到影响，这就是所谓的"瓶颈期"。

二、新型主播瓶颈期心理突破

现在的电商直播平台很多也是社交平台，而社交平台的核心就是"社交"，是自媒体，其次才是电商。简单说就是先通过社交的方式让别人知道你进而相信你，这就是"人设"的作用，自媒体是一种让别人认识你、相信你、喜欢你的途径，而电商平台则是一个商业变现的工具。如果你想做电商直播，这些本质上的事情是必须要了解的，这是一个最粗浅的开始。

如果想成为一名成功的电商主播，首先要把直播当成终身事业去做。直播电商已慢慢地改变着传统商业的格局，也会给消费者带来消费习惯的转变。2019年被称为直播带货元年，很多人在2020年年初新型冠状病毒肺炎疫情期间开玩笑说："现在不做直播都不知道做什么了。"这是一个新的行业，也是一个新的商业风口。我们要懂得顺势而为，现在和未来都会是"得流量者得天下"的时代。如果你只是想尝试一下，不去全身心地投入付出，那成功的概率会极低，甚至接近于零。如果你想成为一名成功的电商主播，就必须把它当作自己的事业来做。不要急于求成，摆正自己的心态，按照逻辑一步一步地去做这件事情。

打造一个电商主播的账号，要懂得自媒体内容创作。这是最基本的吸引流量的技能，也是电商主播获取粉丝最有效、最便捷的途径。当然，可以是主播自身具备这项技能，也可以是组建专业团队来进行自媒体创作。在内容创作的时候，内容和人设标签的垂直度是非常关键的，这也决定了是否可以吸引到精准的粉丝。制作内容的时候垂直度很关键，这也是获取粉丝的一个重要方式。

打造一个电商主播账号，还要懂得自媒体运营。如果想要玩转电商直播，光有卖货的技能是远远不够的，除此之外，主播自身或者运营团队要懂得平台的各项规则，要懂得怎样运营内容创作去吸引自然流量，要懂得如何投放广告获得商业流量，更要懂得如何做好粉丝运营。在保证账号稳定的运营和主播拥有鲜明的人设之后，还需要丰富直播间的商品。其实大多数电商主播到某一个阶段都会产生困惑，那就是看着行业内其他主播迅猛发展，而自己的发展却停滞不前甚至出现倒退的现象。这是因为现有粉丝已经购买过你的产品，并且已经沉淀为你自己的粉丝了，但是由于你的商品垂直度太高，而新关注的粉丝增长太慢，之前的老粉丝不断消耗，就会导致有消费需求的粉丝基数不够，造成销售业绩的持续下滑。如果想打破瓶颈期，那么在粉丝不能快速增长的情况下，就需要找到与自己人设相匹配的更多优质的供应链，以此丰富自己直播间的商品种类，使新老粉丝都有新的购买需求。

　　未来主播之间的竞争本质上是供应链和团队的竞争，团队的能力从某种程度上会决定一名电商主播的未来。我们都知道像薇娅、李佳琦这样的头部主播其背后都是数百人的团队，那么团队里的这些人都做什么呢？其实电商直播看似是主播一人在直播间卖货，但背后的工作相当复杂，总的来说都是围绕"人、货、场"展开工作的，其中包括内容创作、账号运营、广告投放、选品、商家对接等。而对于一个中小型主播来说，最基本的团队配置是选品团队和账号运营团队，因为这样才能保证在稳定直播的前提下，把更多有竞争力的产品带给粉丝。所以当发展到一定阶段，发现自己进入瓶颈期的主播，也不要过于心急，一定要沉下心，通过和团队的合作来解决各个环节遇到的问题，那样才会有更多的流量和更高的转化。所以电商主播遇到瓶颈时，打造出一个好的团队，是突破瓶颈期很好的办法。

第五节　新媒体语境下主播的临场心理指导

　　"'奚梦瑶维密秀意外摔跤'这一新闻曾火爆热搜榜，作为一名公众人物，奚梦瑶在摔倒之后能够面带微笑、从容淡定地继续走完整场秀，这样大气、从容的表现获得了现场观众和无数网友的点赞！"事后众多明星都纷纷为其打气加油，给予鼓励和认可。不得不说，奚梦瑶的心理素质确实强大到令人敬佩。

　　而电商主播也和明星有着某种相似性，那就是都需要有很强的抗压能力。想要成为一名出色的电商主播就需要有比较大的名气，有了名气自然就会成为公众人物，而公众人物的每个细节都会曝光在镜头下，所以难免会有犯错的时候，这就需要电商主播必备两种品质：心态好、素质好。人无完人，是个人都会犯错，犯错不可怕，但要有面对问题的勇气和解决问题的决心和方法。

现在的电商主播是很难一夜爆火的，所以要有足够的心理预期，从一名默默无闻的小主播一点点努力成长为大主播。罗马城不是一天建成的，电商主播也不是短时间内就可以成功的。

一、创业心态

罗永浩把电商直播当成了他的又一次创业，其实每个电商主播都应该把带货直播像创业一样对待，这份事业可以给社会创造价值，也可以为自己带来财富，并且直播不是短期的割韭菜，而是一步一步脚踏实地地为粉丝着想，在选品、价格、售后等方面要多换位思考，以粉丝的角度思考问题，只有为粉丝多着想，才能让自己的电商直播发展得更好更快，也才能把自己的"创业"做的更有价值。

二、归零心态

因为电商直播是一个新兴的行业，所以它的门槛看起来相对较低，这也导致很多人盲目自信，以为自己从事过相关工作或单纯长得好看就可以在这个行业里做得风生水起，其实则不然。电商直播虽然是一个新兴行业，但是因为资本的关注，所以最近几年有很多专业团队进入，这也促进了电商直播在短短几年时间里突飞猛进。所以想要进入这个行业，无论以前的成绩有多厉害，都要有一个归零的心态，从零开始学习、摸索，并及时跟进新的动态，如果停滞不前，很可能过去的优势就会变成以后的弱势。

三、学习心态

有句话说得好，"活到老学到老"，学习永远都是让人进步最有效且低成本的方式，作为电商主播，怎样才能够在数以万计的同行中脱颖而出呢？延长直播时间、比勤奋的人大有人在，直播虽然不允许主播懒惰，但只有勤奋肯定是不行的，主播一定要善于思考，去揣摩用户的心理，学习其他主播直播的方法和技巧。只有不断地学习，才可以让一个主播跟上步伐，慢慢地脱颖而出。

四、积极心态

刚开始没人气、没销量，甚至还会遭到身边亲朋好友善意的"劝退"或者恶意的讽刺，这些都会导致主播心理烦躁，可能会因此出现更多的失误。这个时候要求主播一定要有一个积极的心态，因为消极的心态只能看到不好的一面，而积极的心态往往可以把坏的事情变好，让人从迷茫无助中得到前进的动力。

五、付出心态

如果认定了这是自己的一份事业，就要做好为此付出的准备，很多主播一开始信心十足，但是才开播几天就因为没有达到销售量、觉得自己的付出没有得到回报而唉声叹气，这就是没有调整好自己的心态、做事情心急的表现。凡事都应该有个过程，不是所有事情都是稍有付出就能得到回报的，认定了的事情，就要持续为其付出。

六、坚持心态

分享一个真实的故事，来感受一下坚持的重要性。

有一个叫童文红的女人，从前台接待员做到阿里集团的资深副总裁，成了一名亿万富豪，被称为阿里最励志的合伙人，同时她是一个"又傻又天真，又猛又持久"的人。童文红在 2000 年进入阿里的时候，第一个职位是公司前台接待，之后陆续担任集团行政、客服、人力资源等部门管理工作，现任阿里集团资深副总裁兼菜鸟首席运营官。阿里上市后成为马云背后 9 位亿万富豪的女性合伙人之一。这个故事再次证明了坚持和努力比什么都重要。

坚持的心态是当我们遇到坎坷的时候反映出来的，而不是在顺风顺水的时候。在面对困难的时候，不能轻言放弃，只有坚持到底，才能取得最后的成功。

七、合作心态

每个成熟的电商主播背后都需要一个强大的团队作为支撑，帮助主播进行选品、直播策划、营销宣传等工作。所以我们看到的李佳琦、薇娅的成功，实质也是他们背后团队的成功。作为电商主播，一定要具备合作心态，绝不可以认为自己才是最重要的一个环节而忽视团队的重要性。

八、平和心态

电商主播要随时保持平和的心态，在某种程度上说，主播也属于公众人物，其言行举止都会通过直播传达出去，说出去的话就像是泼出去的水一样，是收不回来的。

所以无论从事电商直播多久的时间，是行业新人还是业内大咖，都要保持一个平和的心态，不乱说话、不乱抱怨，在自己状态不好的时候，努力去调整，甚至是临时停播几天都可以，但不可以把这种不好的状态在直播间发泄出去。

九、感恩心态

每个人都应该怀有感恩心态，电商主播也不例外，粉丝购买直播间的商品就是对主播的认可，更是对主播的支持，主播不能认为是理所当然，要学会感恩，感谢每一个人对自己的支持，因为只有每个个体的支持，才会有主播更好的未来。

十、应急心态

电商主播一定要时刻注意自己的形象，千万不可以在直播间谩骂、侮辱观众和粉丝。

主播在直播间中不堪的言辞和不雅的形象会让老粉丝失望，也会让潜在的新粉丝失去关注的兴趣。并且主播的谩骂还会激化与粉丝的矛盾，从而影响正常的直播和商品销售，甚至情节严重者还会导致被平台封号。即使是主播有理，也要学会忍耐，礼貌回击的方式有很多，切忌谩骂。

作为公众人物，要有强大的心理承受能力，面对无理要求或恶言诽谤时要学会大度，一笑带过，做个高素质的主播。

很多主播在对比商品的时候会评价其他主播，有时也会抱怨平台甚至是埋怨粉丝不够给力，这些都是不成熟的表现，这种行为只能为自己招黑，影响自己的直播，甚至受到粉丝和其他主播的集体攻击。要做一名高度自律的主播，就要清楚地知道哪些话可以说哪些话不能说，当自己拿捏不准的时候，宁可不说也不能乱说，因为很多时候都是祸从口出。

很多主播一边抱怨粉丝少，一边直播时间却是"三天打鱼两天晒网"。直播时间是否固定直接反映主播的态度问题，固定的直播时间才会形成固定的粉丝群，粉丝们也才会慢慢养成在固定时间段看直播的习惯。但是比直播时间不固定更加可怕的是"随意下播"。想播就播、不想播了就随意下播……这既是对自己劳动成果的不负责，也是对粉丝的不尊重，也能间接体现一个主播的素质。

机会一般分两种，一种是偶然发生的，另一种是自己创造的。主播保持稳定的直播时间，就是给自己创造被更多观众看到的机会。与偶然发生的机会相比，自己创造的机会则更容易获得，但是这些自己可以创造的机会，又有多少主播给自己了呢？

主要参考文献

［1］安萧宇，王鹏．播音员主持人压力测评与诊断工具浅析［J］．现代传播，2013（2）：161-163.

［2］白明婷．李静：不一样的创业者［J］．创业家，2010（1）：6-10.

［3］戴维森．应对压力［M］．罗汉，译．上海：上海三联书店，2004：26.

［4］耿建林．全脑学习法（四）未必机械的"机械记忆法"［J］．智力：提高版，2010（11）：16.

［5］郭永玉．人格心理学——人性及其差异的研究［M］．北京：中国社会科学出版社，2005：3.

［6］韩湘川．主持人的人格魅力［J］．理论学习，2003（4）：61.

［7］胡雅君．《舌尖上的中国》何以感动国人［J］．Vista看天下，2012（14）：50-51.

［8］胡运芳等．《电视节目主持人职业素质评价指标体系研究》成果汇编［M］．北京：中国广播电视出版社，1999：194.

［9］黄希庭．简明心理学辞典［M］．合肥：安徽人民出版社，2004：247.

［10］黄希庭等．论个体的时间管理倾向［J］．心理科学，2001（5）：516-519.

［11］姜飞月，郭本禹．从个体效能到集体效能——班杜拉自我效能理论的新发展［J］．心理科学，2002（1）：114.

［12］蒋奖，张姝玥，许燕．警察工作倦怠与A型行为、压力源的关系［J］．中国心理卫生杂志，2005（3）：207.

［13］金瑜．心理测量［M］．上海：华东师范大学出版社，2001：241-249.

［14］敬一丹．99个问号——敬一丹漫谈主持人［M］．北京：中国广播电视出版社，2004：146-147.

［15］里赫曼．人格理论［M］．高峰强，等译．西安：陕西师范大学出版社，2005：354.

［16］凌文轻．工作压力探讨［J］．广州大学学报（自然科学版），2004（1）：76-79.

［17］马玉坤，高峰强．播音主持心理学教程［M］．北京：北京大学出版社，2008：1.

［18］彭聃龄．普通心理学［M］．北京：北京师范大学出版社，2001：243.

［19］祁芃．播音主持心理学［M］．北京：北京播音学院出版社，1999：29.

［20］全国十二所重点师范大学．心理学基础［M］．北京：教育科学出版社，2002：91.

［21］石虹．正确理解团队精神，有效实施团队管理［J］．天水师范学院学报，2002（6）：81-83.

［22］石雷山．集体效能研究述评［J］．赣南师范学院学报，2007（2）：208.

［23］舒晓兵等．工作压力研究：一个分析的框架［J］．华中科技大学学报（人文社会科学版），2002（5）：121-124.

［24］泰勒等.社会心理学（第十版）［M］.谢晓非,等译.北京:北京大学出版社,2004:102.

［25］汪向东等.心理卫生评定量表手册［M］.北京:中国心理卫生杂志社,1999:106-108.

［26］王成义.大学生压力状况的调查研究［J］.中国健康心理学杂志,2005（4）:27.

［27］王玉芬.播音员、主持人的职业素养［J］.道德与文明,1996（6）:13.

［28］吴永桂.试论播音员主持人应具备的社会责任感［J］.今传媒,2013（4）:9.

［29］叶一舵等.应对及应对方式研究综述［J］.心理科学,2002（6）:755-756.

［30］叶奕乾,何存道,梁宁建.普通心理学［M］.上海:华东师范大学出版社,2004:85.

［31］俞虹.节目主持人通论［M］.北京:中国广播电视出版社,2004:139.

［32］袁晓松.辟自我概念改善之蹊径［J］.集宁师专学报（社会科学版）,1998（3）:97-99.

［33］曾海燕.侃电视［M］.北京:中国广播电视出版社,2004:52-53.

［34］张承芬等.心理学导论［M］.北京:人民出版社,2001:273.

［35］张积家.心理学［M］.青岛:中国海洋大学出版社,1994:118.

［36］张颂著.播音创作基础［M］.北京:北京播音学院出版社,1985:10.

［37］张妍.以真善美塑造主持人人格魅力之我见［J］.新闻传播,2010（7）:72.

［38］赵然,方晓义.护士工作压力、A型人格与心理健康的关系研究［J］.中国临床心理学杂志,2005（2）:153.

［39］赵悦宏. 主持人和电视主持人的职业素养分析［J］. 传媒研究，2010（12）：55.

［40］赵忠祥. 岁月随想［M］. 上海：上海人民出版社，1997：56.

后记

　　播音员主持人是传递媒体信息的"关键环节"，这就要求他们在具备扎实的专业基础的同时，也必须拥有良好的心理素质，以面对不同的播报环境和状况。播音员主持人的心理素质是一个"综合指标"，包括播报前的准备、播报时所保持的状态以及播报结束后对自身的客观评价、真实认识等诸多因素。良好的心理素质可使他们承受和调节各种心理压力，摆脱各种心理困扰，适应社会发展需要及时调整心态以迎接挑战。现今媒体竞争日益激烈，节目越来越开放，播音员主持人的心理素质与敬业精神、奉献精神、合作意识、节目驾驭能力、应变能力、自我控制能力以及知识储备和工作经验等能力因素紧密联系在一起，正逐渐成为播音员主持人综合素质的核心因素。从某种程度上讲，心理素质是这些能力因素的基础和前提，只有具有良好的心理素质，播音员主持人才能随时唤起话筒前良好的自我感觉，才有强烈的播讲欲望、积极的精神状态、相应的内心视象，才能与观众有真正感情上的交流，使节目更加真实、精彩。

　　经济全球化的浪潮推动着信息产业的巨大变革，人们对广播电视行业的要求更加多元化，广播电视正面临着前所未有的挑战和机遇。对于广播电视重要组成部分的播音员主持人来说，在这一特殊时期如何面对职场中的变局并成功地生存与发展至关重要，他们已不再仅仅是广播电视简单的"传声筒""播音器"，而是扮演着媒体最积极的传情达意的角色，越来越多地在广播电视节目中承担着演播阶段组织、指挥工作的重任，另外还是节目与听众、观众之间感情和信息交流的桥梁纽带。形势的变迁带给播音员主持人角色转变的同时，也将他们的职业压力放大，广播电视行业高收视率高绩效的工作标准、网络对播音员主持人个人的群体性评价等各方面的压力使他们的心理状态不稳定因素大大增加，甚至不堪重负。在国外，大型传媒公司已经广泛关注媒体从业人员的职业心理健康状况，采取职业心理测评等多种行之有效的方式，帮助播音员主持人减压，解决各种心理问题。从这个角度来说，与时俱进的对播音员主持人职业心理素质进行量化研究至关重要，播音员主持人只有具备良好的心理素质，才能在节目中做到心中有数、游刃有余。

在此背景下，本书结合中国媒体行业的实际情况，引用了西方成熟的职业生涯管理理论和普通心理学相关知识，通过对从业人员进行问卷调查和重点访谈收集数据，进而编制职业压力量表，测试和分析目前播音员主持人在从业过程中的压力特征和具体的心理状态。本书通过职业心理压力量表的专业设计和数据分析，更好地了解和把握了当前播音员主持人存在的职业心理问题，提出了播音员主持人积极面对职业压力、改善不良心理状态的建议，制订出富有针对性的解决不同场景下职业心理问题的方案，能够有效缓解播音员主持人的工作压力和职业倦怠，发掘播音员主持人的性格优势，提升他们的职业认同感，切实提高他们的创意自我效能和工作绩效，进而实现节目集体效能的提升，以及我国广播电视核心竞争力的提高。

尽管本书对播音员主持人职业心理的研究是积极的、严谨的，但由于广播电视传媒的走向以及播音主持艺术的发展趋势直接或间接地受到时代变迁、社会发展、经济改革、科技进步等客观因素的影响，不可避免地存在数据资料更新不及时的现象，在一定程度上影响了研究的科学性和准确性。然而，笔者深信，本研究通过对中国广播电视播音员主持人职业心理的探析，能为播音员主持人应对职业心理危机提供一些可操作的调整方法和缓解手段，对业界实践与学界研究具有一定的参考价值。